ANTÓN CHÉJOV

# CHÉJOV: LA GAVIOTA, TÍO VANIA Y EL JARDÍN DE LOS CEREZOS

astria

**OBRAS DE TEATRO DE CHÉJOV: LA GAVIOTA, TÍO VANIA Y EL JARDÍN DE LOS CEREZOS**
ANTÓN CHÉJOV

©Astria Ediciones
Diseño de portada: Andrea Rodríguez
Ilustración de portada: J.R. Sosa
Supervisión Editorial: Óscar Flores López
Administración: Tesla Rodas y Jessica Cordero
Levantamiento de texto: Zona Creativa
Director Ejecutivo: José Azcona Bocock

Primera edición
Tegucigalpa, Honduras—Agosto de 2024

# LA GAVIOTA

# CONTENIDO

# LA GAVIOTA

*Comedia en cuatro actos*

**PERSONAJES:**

**IRINA NIKOLAIEVNA ARKÁDINA:** viuda de Treplioy, actriz.

**KONSTANTÍN GAVRÍLOVICH TREPLIOV:** su hijo, joven.

**PIOTR NIKOLAIEVICH SORIN:** hermano de Irina.

**NINA MIJAILOVNA ZARIECHNAIA:** joven hija de un rico terrateniente.

**ILYA AFANASIEVICH SHAMRÁIEV:** teniente retirado, administrador de Sorin.

**POLINA ANDRÉIEVNA:** su mujer.

**MASHA:** su hija.

**BORIS ALEXEIEVICH TRIGORIN:** literato.

**EVGUENI SERGUEIEVICH DORN:** médico.

**SEMIÓN SEMIONOVICH MEDVEDENKO:** maestro de escuela

**YÁKOV:** mozo.

**UN COCINERO.**

**UNA DONCELLA.**

La acción se desarrolla en la finca de Sorin. Entre los actos tercero y cuarto transcurren dos años.

# ACTO PRIMERO

Rincón del parque en la finca de Sorin. Una amplia avenida que, partiendo del espectador, se hunde en el parque, lleva a un lago; en el paseo hay un tablado provisional levantado para una representación en familia; cierra por completo la vista del lago. A derecha e izquierda del tablado, arbustos.

Algunas sillas, una mesita. Acaba de ponerse el sol. En el tablado, tras el telón, YÁKOV y otros trabajadores; se oyen toses y golpes.

MASHA Y MEDVEDENKO aparecen por la izquierda; regresan de un paseo.

**MEDVEDENKO:** ¿Por qué va usted vestida de negro siempre?

**MASHA:** Es luto que llevo por mi vida. Soy desgraciada.

**MEDVEDENKO:** ¿Por qué? (Reflexionando.) No lo comprendo... Usted goza de buena salud; su padre, sin ser rico, tiene una posición acomodada. Mi vida es mucho más dura que la suya. No gano más que veintitrés rublos al mes, de los que aún se me descuenta una parte para la jubilación, y a pesar de todo no llevo luto. (Se sientan).

**MASHA:** No es cuestión de dinero. Se puede ser pobre y feliz.

**MEDVEDENKO:** En teoría, sí, pero en la práctica vea usted lo que resulta. Somos cinco: mi padre, dos hermanas, un hermanito y yo, y el sueldo es de veintitrés rublos. Hay que comer y beber, ¿no es cierto? También hay que comprar té y azúcar, ¿verdad? ¿Y tabaco? Pues arréglate como puedas.

**MASHA** (Mirando hacia el tablado): Pronto empezará el espectáculo.

**MEDVEDENKO:** Sí. Actuará Zariéchnaia y la obra es de Konstantín Gavrilovich. Están enamorados el uno del otro y hoy sus almas se fundirán en un vehemente deseo de crear una misma imagen artística. En cambio, entre mi alma y la de usted no hay puntos comunes de contacto. La amo, la angustia no me deja permanecer en casa; cada día hago seis verstas a pie para venir a verla, otras tantas de vuelta, y no encuentro más que indiferencia por parte suya. Es comprensible. No dispongo de recursos, mi familia es numerosa... ¿Quién va a casarse con un hombre que ni siquiera tiene de qué comer?

**MASHA:** Tonterías. (Aspira rapé.) Su amor me conmueve, pero no puedo responder con recíproco sentimiento, eso es todo. (Le ofrece la tabaquera). Sírvase.

**MEDVEDENKO:** No me apetece. (Pausa.)

**MASHA:** El aire es sofocante, es probable que esta noche haya tempestad. Usted siempre está filosofando o hablando de dinero. Para usted no hay desgracia mayor que la de ser pobre; en cambio, para mí es mil veces preferible ir harapiento y pedir limosna que... De todos modos, esto usted no puede comprenderlo...

Entran por la derecha SORIN Y TREPLIOV.

**SORIN** (Apoyándose en un bastón): Hermano, el campo no me convence y, como es natural, nunca me acostumbraré a vivir aquí. Ayer me acosté a las diez y hoy me he despertado a las nueve con la sensación de que, por el mucho dormir, el cerebro se me había pegado al cráneo, eso es. (Se ríe.) Después de comer, he vuelto a dormirme, sin querer, y ahora me siento molido, tengo una pesadilla, al fin y al cabo...

**TREPLIOV:** Tienes razón, necesitas vivir en la ciudad. (Al ver a Masha y a Medvedenko.) Señores, cuando empiece el espectáculo, les llamaremos ahora no se puede estar aquí. Tengan la bondad de retirarse.

**SORIN** (A Masha): María Ilínichna, haga el favor de rogar a su papá que mande desatar el perro; si no el animal no dejará de ladrar. Mi hermana no ha podido pegar el ojo en toda la noche.

**MASHA:** Hable con mi padre usted mismo, yo no lo haré. Con su permiso, señores. (A Medvedenko.) ¡Vámonos!

**MEDVEDENKO** (a Trepliov): Cuando vayan a empezar, mande usted aviso. (Salen los dos).

**SORIN:** Total, que el perro volverá a ladrar to- da la noche. ¡Vaya historia! En el campo nunca he vivido a gusto. Antes me tomaba a veces veintiocho días de permiso y me venía aquí para descansar a placer, pero éste es un sitio donde tan pronto llegas te asan con estupideces, así que ya el primer día te entran ganas de marcharte. (Se ríe.) Siempre me he marchado de aquí encantado de irme... Pero ahora ya estoy retirado, no tengo adónde ir, ésta es la cuestión. Me guste o no, aquí he de quedarme.

**YÁKOV** (a Trepliov): Konstantín Gavrílovich, nos vamos a bañar...

**TREPLIOV:** Está bien, pero dentro de diez minutos os quiero de vuelta. (Mira el reloj.) Pronto vamos a empezar.

**YÁKOV:** Entendido. (Sale.)

**TREPLIOV** (dirigiendo la mirada al tablado): Aquí tienes un teatro. El telón, luego el primer bastidor, luego el segundo y, después, espacio libre. Ninguna decoración. La vista se abre directamente sobre el lago y el horizonte. Levantaremos el telón a las ocho y media en punto, cuando salga la luna.

**SORIN:** Magnífico.

**TREPLIOV:** Si Zariéchnaia llega tarde, se perderá todo el efecto, naturalmente. Ya debería estar aquí. Su padre y su madrastra la vigilan. A ella le es tan difícil salir de su casa como salir de la cárcel. (Ajusta la corbata de su tío.) Llevas la cabeza y la barba sin arreglar. Me parece que deberías cortarte el pelo...

**SORIN** (peinándose la barba): Es la tragedia de mi vida... También cuando era joven parecía un borracho, eso es. Las mujeres nunca me han querido. (Sentándose.) ¿Por qué estará de mal humor mi hermana?

**TREPLIOV:** ¿Por qué? Se aburre. (Sentándose al lado de Sorin.) Tiene envidia. Está contra mí, contra el espectáculo y contra mi obra, porque no es ella la que actúa, sino Zariéchnaia. Aún no conoce mi obra, pero ya la odia.

**SORIN** (se ríe): Invenciones tuyas, la verdad...

**TREPLIOV:** Le duele que en una escena tan pequeña como ésta sea Zariéchnaia y no ella la que coseche los aplausos. Es todo un caso psicológico mi madre. Tiene talento, no hay duda; es inteligente, es capaz de conmoverse y llorar leyendo un libro, puede recitarte de memoria a Nekrásov de cabo a rabo; asiste a los enfermos como un ángel; ¡pero que no se te ocurra, en presencia suya, decir unas palabras de alabanza para la Duse! ¡Avisado estás! Hay que alabarla sólo a ella, hay que escribir sólo acerca de ella, hay que gritar de entusiasmo por su extraordinaria interpretación de La Dame aux camélias o de Los efluvios de la vida; pero como aquí, en el campo, este opio falta, ella se aburre y se irrita, todos somos enemigos suyos, todos somos culpables. Además, es supersticiosa, tiene miedo a tres velas encendidas y al número trece. Es avara. En un Banco de Odesa guarda setenta mil rublos, me consta. Pero si le pides que te preste algo se te pone a llorar.

**SORIN:** Se te ha metido en la cabeza que tu obra no gustará a tu madre y ya te inquietas, eso es. Tranquilízate, tu madre te adora.

**TREPLIOV** (deshojando una flor): Me quiere, no me quiere. Me quiere, no me quiere. Me quiere, no me quiere. Me quiere, no me quiere. (Se ríe.) ¿Ves? Mi madre no me quiere. ¡A ver! Ella desea vivir, amar, ponerse blusas claras, y yo he cumplido ya veinticinco años, le estoy recordando constantemente que ya no es joven. Cuando yo no estoy, ella tiene sólo treinta y dos años; cuando estoy, tiene cuarenta y tres: por esto me odia. Además, sabe que yo no acepto el teatro. A ella el teatro le gusta; le parece que, con el teatro, presta un servicio a la humanidad, al sagrado arte; en cambio, yo creo que el teatro contemporáneo no es más que rutina y prejuicios. Cuando se levanta el telón y a la luz crepuscular, en una estancia de tres paredes, esos grandes talentos, sacerdotes del sagrado arte, representan de qué modo las personas comen, beben, aman, caminan y llevan sus chaquetas; cuando de unas escenas y frases triviales intentan sacar lecciones de moral, de una moral canija, sin complicaciones, útil para la vida doméstica; cuando, en mil variantes me sirven siempre la misma cosa, la misma cosa, la misma cosa, huyo y huyo, como Maupassant huía de la torre Eiffel, cuya vulgaridad le aplastaba el cerebro.

**SORIN:** No se puede prescindir del teatro.

**TREPLIOV:** Hacen falta nuevas formas. Nuevas formas hacen falta y si no se encuentran, mejor es nada. (Mira el reloj.) Amo a mi madre, la quiero mucho; pero ella lleva una vida absurda, siempre va de un lado a otro con ese literato, constantemente su nombre figura en los periódicos, y esto me cansa. A veces habla en mí el egoísmo de un simple mortal, nada más; a veces siento que mi madre sea una actriz conocida, y me parece que si fuera una mujer como tantas otras, yo sería más feliz. Dígame, tío, si puede haber una situación más desesperada y absurda. A veces recibe en casa visitas: son todas personas célebres, artistas y escritores; entre ellos, el único que no es nada soy yo; y me toleran por ser su hijo. ¿Quién soy yo? ¿Qué soy yo? He abandonado la Universidad en el tercer curso por circunstancias, como suele decirse, ajenas a la redacción; soy un hombre sin talento y sin un ochavo, un simple vecino de Kiev, según reza mi pasaporte. Es que mi padre era de Kiev, aunque también era un actor de nota. Bueno, pues cuando, a veces, en el salón de mi madre, todos esos artistas y escritores me conceden su benevolente atención, me parece que con su mirada miden mi insignificancia; yo adivino sus pensamientos y sufro de humillación.

**SORIN:** A propósito, a ver si me dices qué clase de hombre es ese literato. No hay modo de comprenderle. Siempre está callado.

**TREPLIOV:** Es un hombre inteligente, sencillo, un poco melancólico, ¿sabes? Es muy formal. Aún le falta bastante para llegar a los cuarenta años y ya es famoso y nada en la abundancia... En cuanto a lo que escribe... ¿qué puedo decirte? Es agradable, tiene chispa... Pero... después de Tolstói o de Zola no apetece leer a Trigorin.

**SORIN:** Pues a mí los literatos me son simpáticos. En mis tiempos, dos cosas quería yo con pasión: casarme y hacerme escritor, pero no conseguí ninguna de las dos. Sí. Al fin y al cabo, hasta ser un escritor de pocos vuelos resulta agradable.

**TREPLIOV (se pone a escuchar):** Oigo pasos... (Abraza a su tío.) No puedo vivir sin ella. Hasta el ruido de sus pisadas es encantador... Estoy loco de felicidad. (Se dirige rápidamente al encuentro de Nina Zariéchnaia, que entra.) Mi hada, sueño de mi vida...

**NINA** (emocionada): No he llegado tarde... Naturalmente, no he llegado tarde...

**TREPLIOV** (besándole las manos): No, no, no...

**NINA:** He estado inquieta todo el día, ¡tenía tanto miedo! Temía que mi padre no me dejase salir... Pero hace poco que se ha ido con mi madrastra. El cielo está rojo, ya empieza a salir la luna, y yo he arreado el caballo, ¡cómo lo he arreado! (Se ríe.) Pero estoy contenta. (Estrecha con fuerza la mano de Sorin).

**SORIN** (se ríe): Estos ojitos, al parecer, han llorado... ¡Ay, ay! ¡Eso no está bien!

**NINA:** Sí, es cierto... Ya ve cómo me cuesta respirar. Dentro de media hora me iré, hay que darse prisa. Por Dios, no me retengan, no puedo, no pue- do. Mi padre no sabe que estoy aquí.

**TREPLIOV:** En verdad, ya es hora de empezar, hay que llamar a todo el mundo.

**SORIN:** Iré yo, eso es. Ahora mismo. (Se dirige hacia la derecha y canta.) "A Francia van dos granaderos...". (Mira a su alrededor.) Una vez me puse a cantar de este modo y un fiscal delegado me dijo: "Tiene una voz muy potente, Excelencia"... Luego reflexionó un poco y añadió: "Pero... desagradable". (Se ríe y sale.)

**NINA:** Mi padre y su mujer no me dejan venir aquí. Dicen que esto es la bohemia... tienen miedo de que me haga actriz... Y yo siento atracción por este lugar, por este lago, como una gaviota... Usted llena todo mi corazón. (Mira en torno.)

**TREPLIOV:** Estamos solos.

**NINA:** Me parece que hay alguien allí...
**TREPLIOV:** No hay nadie. (Se besan).

**NINA:** ¿Qué árbol es éste?

**TREPLIOV:** Un olmo.

**NINA:** ¿Por qué es tan oscuro?

**TREPLIOV:** Porque ya anochece y todos los objetos se vuelven oscuros. No se vaya tan pronto, se lo suplico.
**NINA:** Imposible.

**TREPLIOV:** ¿Y si voy yo a su casa, Nina? Me pasaré toda la noche en el jardín contemplando su ventana.

**NINA:** Imposible, le vería el guarda. Tesoro aún no está acostumbrado a usted y ladraría.

**TREPLIOV:** La amo, Nina.

**NINA:** Chist...

**TREPLIOV** (oyendo pasos): ¿Quién hay? ¿Es usted, Yakov?

**YÁKOV** (detrás del tablado): El mismo.

**TREPLIOV:** Que cada uno se ponga en su sitio. Ya es hora. Sale la luna.

**YÁKOV:** Así es.

**TREPLIOV:** ¿Hay alcohol? ¿Y azufre? Cuando aparezcan los ojos rojos tiene que oler a azufre. (A Nina.) Vaya usted, ya está todo a punto. ¿Está nerviosa?...

**NINA:** Sí, mucho. Que esté su mamá, pase; a su mamá no le tengo miedo, pero está Trigorin... Actuar ante él me asusta, me da vergüenza... Es un escritor célebre... ¿Es joven?

**TREPLIOV:** Sí.

**NINA:** ¡Qué maravillosos sus relatos!

**TREPLIOV** (fríamente): No sé, no los he leído.

**NINA:** La obra que ha escrito usted es difícil de representar. No tiene personajes vivos.

**TREPLIOV:** ¡Personajes vivos! No hay que representar la vida como es ni como debería ser, sino como aparece en sueños.

**NINA:** En su obra hay poca acción, todo son párrafos largos. Además, yo creo que en una obra de teatro ha de figurar el amor... (Desaparecen los dos por detrás del tablado).

Entran POLINA ANDRÉIEVNA y DORN.

**POLINA ANDRÉIEVNA:** Comienza a notarse la humedad. Vuelva a casa y póngase los chanclos.

**DORN:** Tengo calor.

**POLINA ANDRÉIEVNA:** Usted no se cuida. Eso es terquedad. Usted es médico y sabe muy bien que el aire húmedo le perjudica, pero lo que quiere es hacerme sufrir; ayer se quedó usted aposta en la terraza durante toda la velada...

**DORN** (canturreando): "No digas que has perdido
la juventud".

**POLINA ANDRÉIEVNA:** Esta usted tan entusiasmado hablando con Irina Nikoláievna que ni se daba cuenta del relente. Confiese que ella le gusta.

**DORN:** Tengo cincuenta y cinco años.

**POLINA ANDRÉIEVNA:** Bagatelas: para un hombre esto no es ser viejo. Usted se conserva magníficamente y aún gusta a las mujeres.

**DORN:** Bueno, pero ¿qué es lo que desea usted?

**POLINA ANDRÉIEVNA:** Ante una actriz, todos están dispuestos a hincarse de rodillas. ¡Todos!

**DORN** (canturreando): "Otra vez ante ti. . .". Que en la sociedad se estime a los artistas y se les trate de manera distinta que, por ejemplo, a los mercaderes, está en el orden de las cosas. Esto es idealismo.

**POLINA ANDRÉIEVA:** Las mujeres siempre se han enamorado de usted y se le han colgado del cuello. ¿Esto también es idealismo?

**DORN** (encogiéndose de hombros): ¿Qué puedo decirle? Ha habido mucho de bueno en el trato que me han dispensado las mujeres. En mí estimaban, sobre todo, al excelente médico. Hace diez o quince años, ¿recuerda usted?, yo era el único tocólogo de la provincia. Además, siempre he sido un hombre honesto.

**POLINA ANDRÉIEVNA** (le toma de la mano): ¡Querido!

**DORN:** Cuidado. Vienen.

Entran ARKÁDINA, del brazo de SORIN, TRIGORIN, SHAMRÁIEV, MEDVEDENKO Y MASHA.

**SHAMRÁIEV:** En 1873, en la feria de Poltava, actuó maravillosamente. ¡Qué entusiasmo! ¡Aquella actriz era un prodigio! ¿No sabría usted también, por ventura, dónde se encuentra ahora el cómico Chadin, Pável Semiónich? En el papel de Raspliúev era inimitable, mejor que Sadovski, se lo juro, mi honorable señora. ¿Dónde está ahora?

**ARKÁDINA:** Usted siempre me pregunta por personajes antediluvianos. ¡De dónde quiere que lo sepa! (Se sienta).

**SHAMRÁIEV** (suspirando): ¡Pashka Chadin! Actores como él hoy no se encuentran. ¡El teatro ha venido a menos, Irina Nikoláievna! ¡Antes había poderosos robles, ahora vemos sólo las astillas!

**DORN:** Ahora hay pocos talentos excepciona- les, es cierto; pero el actor medio está a mayor altura.

**SHAMRÁIEV:** No estoy de acuerdo con usted. De todos modos esto es cuestión de gustos. De gustibus aut bene, aut nihil.

**TREPLIOV** aparece detrás del tablado.

**ARKÁDINA** (al hijo): Mi querido hijo, ¿cuándo se empieza?

**TREPLIOV:** Dentro de un momento. Les suplico un poco de paciencia.

**ARKÁDINA** (recitando un fragmento de Hamlet): "¡Hijo mío! Me has vuelto los ojos hacia el interior del alma y la he visto cubierta de sangrientas y mortales heridas, ¡no hay salvación!".

**TREPLIOV** (recitando otro fragmento de Hamlet): "¿Y por qué has cedido al vicio y has buscado el amor en el abismo del crimen?"

Tocan un caramillo detrás del tablado.

**TREPLIOV:** ¡Señores, empezamos! ¡Atención, por favor! (Pausa). Empiezo. (Da unos golpes con un bastón, dice en voz alta). ¡Oh, viejas sombras venerables que flotáis por la noche sobre este lago, adormecednos, haced que veamos en sueños lo que habrá dentro de doscientos mil años!

**SORIN:** Dentro de doscientos mil años no habrá nada.

**TREPLIOV:** Bien, pues que nos representen esta nada.

**ARKÁDINA:** Sea. Nosotros dormimos.

Se levanta el telón; se descubre la vista del lago; la luna se eleva sobre el horizonte y se refleja en el agua; sobre una piedra grande está sentada NINA ZARIECHNAIA, vestida de blanco.

**NINA:** Los hombres, los leones, las águilas y las perdices, los astados venados, los gansos, las arañas, los callados peces pobladores de las aguas, las estrellas marinas y los seres que no podían ser vistos por el ojo humano, en una palabra, todas las vidas, todas las vidas, todas las vidas, acabado su triste ciclo, se han extinguido. . . Hace ya miles de siglos que la tierra no lleva en sí ni un ser vivo y esta pobre luna en vano enciende su farol. En el prado ya no se despiertan las grullas con su grito ni se oye el zumbar de los moscardones de mayo entre el follaje de los tilos. Hace frío, frío, frío. Es el vacío, vacío, vacío. Es pavoroso, pavoroso, pavoroso... (Pausa.) Los cuerpos de los seres vivos se han reducido a polvo y la eterna materia los ha convertido en piedras, en agua, en nubes; las almas de todos ellos se han fundido en una sola. El alma general del mundo soy yo...yo... En mí está el alma de Alejandro Magno, de Cesar, de Shakespeare, de Napoleón y de la última sanguijuela. En mí, las conciencias de los hombres se han fundido con los instintos de los animales y yo lo recuerdo todo, todo, todo, y vuelvo a vivir en mí misma cada una de las vidas.

(Aparecen fuegos fatuos).

**ARKÁDINA** (En voz baja): Esto tiene algo de decadente.

**TREPLIOV** (Suplicante y en tono de desaprobación): ¡Mamá!

**NINA:** Soy una mujer sola. Una vez cada cien años abro los labios para hablar y mi voz resuena tristemente en este vacío, nadie oye... Tampoco vosotros, pálidos fuegos fatuos, me oís... Cuando se acerca la madrugada os engendra el putrefacto pantano y erráis hasta que sale la aurora, pero sin pensamiento, sin voluntad, sin la palpitación de la vida. Temeroso de que surja en vosotros la vida, el padre de la materia eterna, el diablo, hace que a cada instante cambien en vosotros los ánimos, lo mismo que en las piedras y en el agua, y os modificáis sin cesar. En todo el universo, tan sólo el espíritu permanece fijo e inmutable. (Pausa.) Como prisionero arrojado a un pozo profundo y vacío, no sé dónde estoy ni lo que me espera. Una cosa no se me oculta, y es que en la lucha tenaz y cruel con el diablo, principio de las fuerzas materiales, me será dado vencer; después, materia y espíritu se fundirán en una armonía admirable y comenzará el reinado de la voluntad universal. Pero esto ocurrirá sólo cuando, poco a poco, después de una larga, larga serie de milenios, la Luna, el brillante Sirio y la Tierra se conviertan en polvo... Hasta entonces, será terrible, terrible... (Pausa; al fondo del lago aparecen dos puntos rojos). Se acerca mi poderoso enemigo, el diablo. Veo sus ojos espantosos, purpúreos...

**ARKÁDINA:** Huele a azufre. ¿Tenía que oler de este modo?

**TREPLIOV:** Sí.

**ARKÁDINA** (se ríe): Vaya, hace efecto.

**TREPLIOV:** ¡Mamá!

**NINA:** Sin el hombre, se aburre...

**POLINA ANDRÉIEVNA** (A Dorn): Se ha quitado el sombrero. Póngaselo, que se va a resfriar.
**ARKÁDINA:** El doctor se ha quitado el sombrero ante el diablo, padre de la materia eterna.

**TREPLIOV** (Furioso, gritando): ¡Se ha acabado la obra! ¡Basta! ¡Telón!

**ARKÁDINA:** ¿Por qué te enfadas?

**TREPLIOV:** ¡Basta! ¡El telón! ¡Bajad el telón! (Dando unos golpes con el pie) ¡Telón! (El telón baja.) ¡Mil perdones! Se me había olvidado que escribir obras y actuar en escena está reservado a unos pocos elegidos. ¡He violado el monopolio! A mí... yo... (Aún quiere decir algo más, pero hace un gesto con la mano y sale por la izquierda.)

**ARKÁDINA:** ¿Qué mosca le ha picado?

**SORIN:** Irina, hermana mía, no es posible tratar de ese modo un amor propio juvenil.

**ARKÁDINA:** ¿Pero qué le he dicho?

**SORIN:** Le has ofendido.

**ARKÁDINA:** Él mismo nos ha advertido que se trataba de una broma, y yo he tomado su obra como si fuera verdaderamente una broma.

**SORIN:** De todos modos...

**ARKÁDINA:** ¡Ahora resulta que ha escrito una gran obra! ¡Vaya con el niño! Así pues, ha organiza- do este espectáculo y nos ha perfumado con azufre no para bromear, sino para hacernos una demostración... Ha querido darnos una lección de cómo se ha de escribir y qué se ha de representar. Esto comienza ya a ser pesado. Esas constantes salidas de tono contra mí y esos alfilerazos, digan ustedes lo que quieran, ¡son para acabar con la paciencia del más pintado! ¡Es un caprichoso, cargado de amor propio!

**SORIN:** Él quería darte una alegría.

**ARKÁDINA:** ¿Sí? Pues podía haber elegido una obra de las que se estilan y no obligarnos a escuchar ese decadente extravío. Si se trata de una broma, estoy dispuesta a escuchar incluso extravíos, pero él nos viene con la pretensión de mostrar formas nuevas y abrir una nueva era en el arte. Y creo que no estamos ante una forma nueva, sino, simplemente, ante un mal carácter.

**TRIGORIN:** Cada uno escribe como quiere y como puede.

**ARKÁDINA:** Que escriba como quiera y como pueda, pero que haga el favor de dejarme en paz.

**DORN:** Júpiter, te enojas...

**ARKÁDINA:** Yo no soy Júpiter, sino una mujer. (Enciende un cigarrillo.) No me enojo, sólo lamento que un joven pase el tiempo de manera tan aburrida. No quería ofenderle.

**MEDVEDENKO:** Nadie tiene motivos para separar el espíritu de la materia, pues quizás el propio espíritu es un conjunto de átomos materiales. (Vivamente, a Trigorin.) Lo que sí estaría bien, ¿sabe usted?, sería describir en una obra y luego representar en la escena cómo vivimos nosotros, los maestros. ¡Nuestra vida es dura, dura!

**ARKÁDINA:** Sí, es justo, pero no hablemos de obras de teatro ni de átomos. ¡Es tan hermosa esta noche! ¿Oyen, señores? Cantan. (Escucha.) ¡Qué agradable!

**POLINA ANDRÉIEVNA:** Es en la otra orilla. (Pausa).

**ARKÁDINA** (A Trigorin): Siéntese a mí lado. Hace diez o quince años, aquí, en este lago, casi todas las noches se oía música y canto. En esta orilla hay siete grandes fincas. Me acuerdo de las risas, del alboroto, de los disparos, y todo eran amores, idilios... El jeune premier e ídolo de todas esas seis fincas era, entonces, ese señor a quien le presento (Señala con la cabeza a Dorn), el doctor Evgueni Sergueich. Todavía ahora es encantador, pero entonces era irresistible. De todos modos, empieza a morderme la conciencia. ¿Por qué habré ofendido a mi pobre muchacho? Estoy intranquila. (En voz alta.) ¡Kostia! ¡Hijo! ¡Kostia!

**MASHA:** Voy a buscarle.

ARKÁDINA: Haga el favor, querida.

**MASHA** (Va hacia la izquierda): ¡A-u! ¡Konstantín Gavrílovich!... ¡A-u! (Sale.)

**NINA** (Apareciendo por detrás del tablado): Por lo visto no continuaremos; puedo irme. ¡Buenas noches! (Besa a Arkádina y a Polina Andréievna.)

**SORIN:** ¡Bravo, bravo!

**ARKÁDINA:** ¡Bravo, bravo! La hemos estado admirando. Con una figura como la suya y una voz tan maravillosa, es un pecado quedarse escondida en el campo. Usted tiene talento. No hay duda. ¿Oye? ¡Usted tiene la obligación de dedicarse a la escena!

**NINA:** ¡Oh, éste es mi sueño! (Suspira.) Pero no se cumplirá nunca.

**ARKÁDINA:** ¿Quién sabe? Permítame que le presente: Trigorin, Boris Alexéievich.

**NINA:** Ah, qué contenta estoy... (Turbándose.) Siempre le leo...

**ARKÁDINA** (haciéndola sentar a su lado): No se azore, querida. El señor Trigorin es un hombre célebre, pero tiene el alma sencilla. ¿Ve? Él mismo se ha azorado.

**DORN:** Supongo que ahora ya se puede levan- tar el telón; así impresiona.

**SHAMRÁIEV** (en voz alta): Yákov, ¿por qué no levantas el telón? El telón se levanta.

**NINA** (A Trigorin): ¿Verdad que es una obra extraña?

**TRIGORIN:** No he comprendido nada. De todos modos, he visto la representación con agrado. Usted ha declamado con mucha sinceridad. También la decoración era magnífica. (Pausa.) Debe de haber muchos peces en este lago.

**NINA:** Sí.

**TRIGORIN:** Me gusta pescar con caña. Para mí no hay mayor placer que sentarme al caer de la tarde a la orilla y contemplar el flotador.

**NINA:** Pero yo me figuro que para quien ha experimentado el placer de la creación artística, los demás placeres ya no cuentan.

**ARKÁDINA** (Riéndose): No hable de este modo. Cuando le dicen palabras agradables, eso le perjudica.

**SHAMRÁIEV:** Recuerdo que en el teatro de la Ópera de Moscú, una vez el famoso Silva cantó el do de bajo. Como hecho adrede, aquel día ocupaba un asiento de gallinero un bajo de los que cantan en la capilla sinodal. De pronto, figúrense ustedes, cuál no sería nuestra sorpresa, oímos que gritan desde el gallinero: "¡Bravo. Silva!". ¡Una octava entera más baja!... Algo así como (Con voz de bajo): "¡Bravo, Silva!"… Nos quedamos petrificados. (Pausa).

**DORN:** Ha pasado un ángel silencioso volando.

**NINA:** He de irme. Adiós.

**ARKÁDINA:** ¿Adónde? ¿Adónde ha de irse tan pronto? No la dejaremos marchar.

**NINA:** Papá me espera.

**ARKÁDINA:** ¡Qué hombre, la verdad!... (Se besan.) Bueno, qué le vamos a hacer. Es una pena dejarla marchar, es una pena.

**NINA:** ¡Si supiera cuánto siento tener que irme!

**ARKÁDINA:** ¿Y si alguien la acompañara, pequeña mía?

**NINA** (Asustada): ¡Oh, no, no!

**SORIN** (A Nina, suplicante): ¡Quédese!

**NINA:** No puedo, Piotr Nikoláievich.

**SORIN:** Quédese una horita, eso es. Qué le cuesta, la verdad...

**NINA** (Después de reflexionar un instante, con lágrimas en los ojos): ¡Imposible! (Le estrecha la mano y se va rápidamente.)

**ARKÁDINA:** La verdad, es una chica desgraciada. Dicen que su difunta madre, al morir, legó a su esposo su enorme fortuna, hasta el último kopek, y esta muchacha se ha quedado sin nada, pues el padre ya lo ha legado todo a su segunda mujer. Es indignante.

**DORN:** Sí, el papaíto es una bestia auténtica, hay que hacerle plena justicia.

**SORIN** (Frotándose las manos ateridas): ¿Y si nos fuéramos también nosotros, señores? Empieza a notarse la humedad. A mí me duelen las piernas.

**ARKÁDINA:** Las tienes como de madera, apenas andan. Bueno, vamos, infortunado viejo. (Le toma del brazo).

**SHAMRÁIEV** (ofreciendo el brazo a su mujer): ¿Madame?

**SORIN:** Oigo ladrar al perro otra vez. (A Shamráiev.) Tenga la bondad de mandar que lo desaten, Ilyá Afanásievich.

**SHAMRÁIEV:** No es posible, Piotr Nikoláievich, tengo miedo que me entren ladrones en el granero, guardo allí el mijo. (A Medvedenko, que va a su lado.) Sí, una octava entera más baja: "¡Bravo, Silva!". Y no era un cantante, sino un simple cantor sinodal.

**MEDVEDENKO:** ¿Qué sueldo tiene un cantor sinodal? (Se van todos menos Dorn).

**DORN** (Solo): No sé, es posible que no entienda nada o que me haya vuelto loco, pero la obra me ha gustado. Tiene un algo. Cuando esa muchacha hablaba de la soledad y luego, cuando han aparecido los ojos rojos del diablo, me temblaban las manos de emoción. Es juvenil, ingenua... Me parece que por ahí llega él. Quisiera decirle muchas cosas agradables.

**TREPLIOV** (Entra): Ya no hay nadie.

**DORN:** Estoy yo.

**TREPLIOV:** Máshenka me está buscando por todo el parque. Es una criatura insoportable.

**DORN:** Konstantín Gravílovich, su obra me ha gustado extraordinariamente. Es un poco extraña, no he oído el final, pero a pesar de todo me ha causado una fuerte impresión. Es usted un hombre de talento, ha de continuar.

Trepliov le estrecha con fuerza la mano y le abraza con arrebatado impulso.

**DORN:** ¡Huy, qué nervioso! Con lágrimas en los ojos... ¿Qué quería decirle? Usted ha buscado su asunto en el terreno de las ideas abstractas. Así tenía que hacerlo porque la obra de arte ha de expresar, sin falta, alguna idea grande. Sólo es bello lo que es serio. ¡Qué pálido está usted!

**TREPLIOV:** ¿Así, cree usted que he de continuar?

**DORN:** Sí... Pero represente sólo lo importante y lo eterno. Ya sabe usted que mi vida no ha sido nada monótona Y que la he saboreado, no me quejo; pero si me hubiera sido dado experimentar la exaltación que suelen sentir los artistas en los momentos de su inspiración me parece que habría despreciado mi envoltura material y todo cuanto a ella se refería, y me habría elevado muy alto, muy por encima de la tierra.

TREPLIOV: Perdón, ¿dónde está Zariéchnaia?

DORN: Y aún otra cosa. En la obra de arte ha de haber una idea clara, precisa. Usted ha de saber para qué escribe; de otro modo, si avanza usted por ese pintoresco camino sin un objetivo determinado, se extraviará y su talento se perderá.

TREPLIOV (Impaciente): ¿Dónde está Zariéchnaia?

DORN: Se ha ido a su casa.

TREPLIOV (Desesperado): ¿Qué hacer? Quiero verla... Necesito verla... Iré. . .

Entra MASHA.

DORN (A Trepliov): Sosiéguese, amigo mío.

TREPLIOV: De todos modos, iré. He de ir.

MASHA: Vaya a casa, Konstantín Gavrílovich. Su mamá le está esperando. Está intranquila.

TREPLIOV: Dígale que me he ido. Y a todos ustedes les pido que me dejen en paz. ¡Déjenme! ¡No me sigan!

DORN: Bueno, bueno, amigo mío.. . No se ponga así... No está bien.

TREPLIOV (Con lágrimas en los ojos): Adiós, doctor. Gracias... (Se va.)

DORN (Suspirando): ¡Juventud, juventud!

**MASHA:** Cuando no se sabe qué otra cosa decir, se dice: juventud, juventud... (Sorbe rapé.)

**DORN** (Le toma la tabaquera y la arroja entre unos arbustos): ¡Esto es feo! (Pausa.) Me parece que en la casa hay música. Es preciso ir.

**MASHA:** Espere.

**DORN:** ¿Qué?

**MASHA:** Quiero decírselo otra vez. Deseo hablar ... (Agitada.) No amo a mi padre, pero mi corazón confía en usted. No sé por qué, siento con toda el alma que usted me comprende... Ayúdeme. Ayúdeme, o haré una tontería, me burlaré de mi propia vida, la pisotearé... No puedo más...

**DORN:** ¿Cómo? ¿En qué puedo ayudarle?

**MASHA:** Sufro. Nadie conoce mis sufrimientos, ¡nadie! (Le apoya la cabeza sobre el pecho; en voz baja.) Amo a Konstantín.

**DORN:** ¡Qué nerviosos están todos! ¡Qué nerviosos están todos! Y cuánto amor... ¡Oh, lago embrujado! (Con ternura.) ¿Pero qué puedo hacer yo, hija mía? ¿Qué? ¿Qué?

## ACTO SEGUNDO

Campo de juego para croquet. En el fondo, a la derecha, la casa con gran terraza; a la izquierda se ve el lago en el cual, reflejándose, brilla el sol. Parterres. Mediodía. Hace calor. Junto al campo de juego, a la sombra de un viejo tilo, están sentados en un banco ARKÁDINA, DORN y MASHA. Dorn tiene un libro abierto sobre las rodillas.

**ARKÁDINA** (A Masha): Verá, levantémonos. (Se levantan las dos mujeres). Pongámonos una al lado de la otra. Usted tiene veintidós años, yo tengo casi el doble. Evgueni Serguéievich, ¿cuál de nosotras parece más joven?

**DORN:** Usted, sin duda.

**ARKÁDINA:** Ya ve... ¿Y por qué? Porque yo trabajo, yo siento, estoy constantemente haciendo algo, y usted permanece siempre en el mismo lugar, no vive... Además, yo me atengo a una norma: no asomarme al futuro. Nunca pienso en la vejez ni en la muerte. Lo que deba suceder sucederá.

**MASHA:** Pues yo experimento una sensación como sí hubiera nacido hace ya mucho tiempo, muchísimo; tiro de mi vida a rastras, como si se tratara de una cola sin fin... A menudo no siento ningún deseo de vivir. (Se sienta.) Naturalmente, todo eso son tonterías. Es preciso reaccionar, arrojar de sí todo eso.

**DORN** (canturrea en voz baja): "Contadle a ella, flores mías...".

**ARKÁDINA:** Y soy correcta como un inglés. Yo, querida, me mantengo siempre en forma, como suele decirse; voy siempre vestida y peinada comme il faut. ¿Iba yo a permitirme salir de casa, aunque sólo fuera al jardín, en blusa o sin peinar? Jamás. Si me he conservado tan bien, se debe precisamente a no haber sido nunca una pepona, a no haberme abandonado, como algunas hacen... (Da unos pasos por el campo de croquet, en jarras). Aquí me tiene, como una pollita. Dispuesta a representar el papel de una muchacha de quince años.

**DORN:** Bueno, de todos modos yo voy a continuar. (Toma el libro). Nos habíamos parado en lo del tendero y las ratas.

**ARKÁDINA:** Y las ratas. Lea (Se sienta.) Aunque, démelo, leeré yo. Ahora me toca a mí. (Toma el libro y busca el párrafo con la mirada.) Y las ratas. . . Aquí está... (Lee.) "Y, desde luego, para las personas de la alta sociedad, mimar a los novelistas y atraérselos resulta tan peligroso como para un tratante en granos criar ratas en sus graneros. Sin embargo, a los novelistas se los quiere. Así, cuando una mujer ha elegido al escritor al que desea prender en sus redes, le asedia con cumplidos, atenciones y amabilidades...". Bueno, esto quizá sea así entre los franceses, pero en nuestro país no hay nada semejante, no se dan programas de ninguna clase. Entre nosotros, una mujer, antes de tender sus redes para prender a un escritor, suele estar ya perdidamente enamorada de él, ésta es la pura verdad. No es preciso ir muy lejos para encontrar un ejemplo, vean el caso de Trigorin y mío.

Entra SORIN, apoyándose en un bastón, acompañado de NINA; tras ellos, MEDVDENKO empuja un sillón de ruedas, vacío.

**SORIN** (En un tono como el que se emplea al acariciar a los niños): ¿Sí? ¿Estamos de fiesta? ¿Estamos contentos al fin? (A su hermana). ¡Estamos de fiesta! El padre y la madrastra se han ido a Tver, y ahora, libres por tres días.

**NINA** (Se sienta al lado de Arkádina y la abraza): ¡Soy feliz! Ahora les pertenezco a ustedes.

**SORIN** (Se sienta en su sillón): Hoy está guapita.

**ARKÁDINA:** Elegante, interesante... Por esto es usted inteligente. (Besa a Nina.) Pero no hay que cantar muchas alabanzas, que nos traería maleficio. ¿Dónde está Boris Alexéievich?

**NINA:** Está en la caseta de baño, pescando con caña...

**ARKÁDINA:** ¡Cómo no se hartará! (Se dispone a continuar la lectura.)

**NINA:** ¿Qué está usted leyendo?

**ARKÁDINA:** Es Maupassant, querida: Sobre el agua. (Lee algunas líneas para sí). Bah, lo que sigue no es interesante ni verdadero. (Cierra el libro). Estoy intranquila. Dígame, ¿qué tiene mi hijo? ¿Por qué está tan mohíno y serio? Se pasa días enteros en el lago y yo casi no le veo.

**MASHA:** Tiene el alma dolorida. (A Nina, tímidamente.) Recitemos algún fragmento de su obra, se lo ruego.

**NINA** (Encogiéndose de hombros): ¿Lo desea usted? ¿Tan interesante es?

**MASHA** (Conteniendo el entusiasmo): Cuando él mismo recita alguna cosa, los ojos se le encienden y la cara se le vuelve pálida. Tiene una voz magnífica, triste, las maneras, como las de un poeta.
Se oye roncar a Sorin.

**DORN:** ¡Buenas noches!

**ARKÁDINA:** ¡Petrusha!

**SORIN:** ¿Eh?

**ARKÁDINA:** ¿Duermes?

**SORIN:** Nada de eso (Pausa).

**ARKÁDINA:** No te cuidas y eso no está bien, hermano.

**SORIN:** Me cuidaría de mil amores, pero el doctor no quiere.

**DORN:** ¡Cuidarse a los sesenta años!

**SORIN:** También a los sesenta años se tienen ganas de vivir.

**DORN** (Con desgano): ¡Eh! Bueno, tome gotas de valeriana.

**ARKÁDINA:** A mí me parece que no le sentaría mal ir a alguna parte a seguir una cura de aguas.

**DORN:** Bueno. Puede ir. También puede no ir.

**ARKÁDINA:** A ver quién lo entiende.

**DORN:** No hay que entender nada. Todo está claro. (Pausa).

**MEDVEDENKO:** Piotr Nikoláievich debería dejar de fumar.

**SORIN:** Tonterías.

**DORN:** Nada de tonterías. El vino y el tabaco despersonalizan. Después de un cigarro o de un vasito de vodka, usted ya no es Piotr Nikoláievich, sino Piotr Nikoláievich y alguien más; su "yo" se dispersa y usted se trata a sí mismo como a una tercera persona, como a un "él".

**SORIN** (Riéndose): Usted sí que... puede hacer comentarios. Usted ha vivido su vida. Pero, ¿y yo? Yo he prestado servicios en el Departamento de Justicia durante veintiocho años, y aún no he vivido, no he experimentado nada, en resumidas cuentas; es muy comprensible que tenga muchas ganas de vivir. Usted está ahíto y es indiferente; por esto se siente inclinado hacia la filosofía; en cambio, yo quiero vivir y por esto bebo jerez en el almuerzo y fumo cigarros, eso es. Y eso es todo.

**DORN:** Hay que tomar la vida en serio, y eso de cuidarse a los sesenta años, lamentarse de haber disfrutado poco en la juventud, usted perdone, es frivolidad.

**MASHA** (Se levanta): Es hora de almorzar, me parece. (Camina perezosa, muellemente.) Se me ha dormido una pierna... (Sale.)

**DORN:** Se va y antes de comer se echará al coleto un par de vasitos de vodka.

**SORIN:** La pobrecita no sabe lo que es la felicidad.

**DORN:** Palabras, excelencia.

**SORIN:** Usted razona como persona ahíta.

**ARKÁDINA:** ¡Ah, qué puede haber más aburrido que este agradable aburrimiento del campo! Calor, calma, nadie hace nada, todo el mundo filosofa... Con ustedes, amigos, se está bien, es grato escucharles, pero... ¡Cuánto mejor hallarse en la habitación de una hostería estudiando un papel!

**NINA** (Entusiasmada): ¡Muy bien la comprendo!

**SORIN:** Claro, en la ciudad se está mejor. Te quedas sentado en tu gabinete, el lacayo no deja entrar a nadie sin anunciarlo previamente, tienes teléfono... en la calle hay coches de punto y eso es...

**DORN** (Canturreando): "Contadle a ella, flores mías...".

Entra SHAMRÁIEV; tras él, POLINA ANDRÉIEVNA.

**SHAMRÁIEV:** Aquí están los nuestros. ¡Buenos días! (Besa la mano a Arkádina; luego a Nina.) Encantado de verlas gozando de buena salud. (A Arkádina.) Mi mujer me dice que usted y ella tienen la intención de ir a la ciudad esta tarde. ¿Es cierto?

**ARKÁDINA:** Sí, ésta es nuestra intención.

**SHAMRÁIEV:** Hum... Esto es magnífico, pero ¿en qué harán el viaje, mi muy respetable señora? Hoy transportamos el centeno, todos los trabajadores están ocupados. Permítame que le pregunte, ¿qué caballos van a tomar?

**ARKÁDINA:** ¿Qué caballos? ¿Cómo quiere usted que lo sepa?

**SORIN:** Pero tenemos caballos para coche.

**SHAMRÁIEV** (Inquietándose): ¿Para coche? ¿Y de dónde saco las colleras? ¿De dónde saco las colleras? ¡Es sorprendente! ¡Es increíble! ¡Mi muy respetable señora! Perdone, me inclino ante su talento, estoy dispuesto a dar por usted diez años de vida, pero no puedo darle caballos.

**ARKÁDINA:** ¿Y si he de ir? ¿Qué tiene de extraño?

**SHAMRÁIEV:** ¡Muy respetable señora! ¡Usted no sabe lo que significa administrar una hacienda!

**ARKÁDINA** (Irritándose): ¡Esta es una vieja historia! En este caso, hoy mismo vuelvo a Moscú. Mande alquilar caballos para mí en la aldea; de lo contrario, ¡me voy a la estación andando!

**SHAMRÁIEV** (Irritándose): ¡En este caso renuncio a mi puesto! ¡Búsquense otro administrador! (Se va).

**ARKÁDINA:** ¡Cada verano pasa lo mismo, cada verano me ofenden aquí! ¡No volveré a poner los pies en esta casa! (Se va por la izquierda hacia donde se supone que se encuentra la caseta de baño; un minuto después se la ve entrar en la casa; la sigue Trigorin con cañas de pescar y un cubo).

**SORIN** (Irritándose): ¡Esto es una insolencia! ¡El diablo sabe lo que esto significa! Ya estoy harto. Que traigan aquí todos los caballos. ¡Ahora mismo!

**NINA** (A Polina Andréievna)- ¡Negar algo a Irina Nikoláievna, a una actriz tan famosa! ¿Acaso cada uno de sus deseos, hasta cada uno de sus caprichos no son más importantes que toda la hacienda? ¡Es sencillamente increíble!

**POLINA ANDRÉIEVNA** (Desesperada): ¿Qué puedo hacer yo? Pónganse en mi situación: ¿qué puedo hacer yo?

**SORIN** (A Nina): Vamos a ver a mi hermana... Todos le suplicamos que no se vaya. ¿verdad? (Mirando en dirección a la seguida por Shamráiev). ¡Es un hombre insoportable! ¡Un déspota!

**NINA** (Impidiéndole levantarse): Quédese sentado, quédese sentado. Le llevamos nosotros... (Nina y Medvedenko empujan el sillón). ¡Oh, qué terrible es esto!

**SORIN:** Sí, sí, es terrible…Pero él no se irá, ahora mismo le hablaré. (Salen; se quedan tan sólo Dorn y Polina Andréievna).

**DORN:** Son unos aburridos. Lo que se debía haber hecho era agarrar por el pescuezo al marido de usted y despedirle; pero todo acabará con que Piotr Nikoláievich, que está hecho una vieja mujeruca, y su hermana le pedirán perdón. ¡Ya lo verá!

**POLINA ANDRÉIEVNA:** Ha mandado al campo hasta los caballos de los coches. Todos los días hay historias como ésta. ¡Si supiese usted lo que me preocupa! Me pone enferma; ¿ve?, estoy temblando... No soporto sus groserías. (Suplicante). Evgueni, querido, adorado, lléveme con usted; que por lo menos al final de nuestra vida no debamos escondemos, mentir... (Pausa).

**DORN:** Tengo cincuenta y cinco años; ya es tarde para cambiar de vida.

**POLINA ANDRÉIEVNA:** Ya sé, me rechaza porque, aparte de mí, hay otras mujeres que le placen. Llevarlas a todas consigo es imposible. Lo comprendo. Perdone, le he estado fastidiando.

NINA aparece cerca de la casa; recoge flores.

**DORN:** No, nada.

**POLINA ANDRÉIEVNA:** Los celos me hacen sufrir. Claro, usted es doctor, no puede evitar a las mujeres. Lo comprendo...

**DORN** (A Nina, que se acerca): ¿Qué pasa allí?

**NINA:** Irina Nikoláievna llora y Piotr Nikoláievich sufre un ataque de asma.

**DORN** (Se levanta): Hay que ir y darles a los dos unas gotas de valeriana...

**NINA** (Tendiéndole las llores): ¡Permítame!

**DORN:** Merci bien. (Se dirige hacia la casa).

**POLINA ANDRÉIEVNA** (Acompañándole): ¡Qué flores más hermosas! (Cerca de la casa, con voz sorda). ¡Deme estas flores! ¡Deme estas flores! (Cuando él se las ha dado, las rompe y las arroja; entran los dos en la casa).

**NINA** (Sola): ¡Qué extraño ver llorar a una actriz famosa y por un motivo tan insignificante¡ ¿Y no es extraño que un escritor famoso, predilecto del público, un escritor del que se escribe en todos los periódicos, cuyo retrato se vende y cuyas obras se traducen a lenguas extranjeras, se pase el día pescando y se alegre de haber pescado dos gobios? Yo creía que las personas célebres eran orgullosas, inaccesibles, que despreciaban a la muchedumbre y que, con la fama y el brillo de su nombre, se vengaban en cierto modo de esta muchedumbre que sitúa por encima de todo la nobleza del linaje y la fortuna. Pero he aquí que lloran, pescan con caña, juegan a cartas, se ríen y se enojan como todos.

**TREPLIOV** (Entra sin sombrero, con escopeta y una gaviota muerta). ¿Usted sola aquí?

**NINA:** Sola. Trepliov le pone la gaviota a los pies. ¿Qué significa esto?

**TREPLIOV:** Hoy he cometido la villanía de matar esta gaviota. La pongo a sus pies.

**NINA:** ¿Qué le pasa? (Levanta la gaviota y la contempla).

**TREPLIOV** (Después de cierta pausa): Pronto me mataré yo mismo de igual manera.

**NINA:** No le reconozco.

**TREPLIOV:** Desde que yo he dejado de reconocerla a usted. Usted no es la misma conmigo; su mirada es fría, mi presencia la importuna.

**NINA:** Últimamente se ha vuelto usted irritable, se expresa siempre de manera incomprensible, por medio de símbolos. Por lo visto, esta gaviota también es un símbolo, pero, perdone, no comprendo... (Pone la gaviota sobre el banco.) Soy demasiado simple para comprenderle a usted.

**TREPLIOV:** Esto ha empezado después de la velada en que mi obra se hundió tan estúpidamente. Las mujeres no perdonan el fracaso. Lo he quemado todo, hasta el último trozo de papel. ¡Si supiera usted cuán desdichado soy! Su frialdad es terrible, increíble; es como si me despertara y viera de pronto que este lago se ha secado o que ha desaparecido en la tierra. Usted acaba de decir que es demasiado simple para comprenderme. ¿Qué hay que comprender aquí? La obra no gustó, usted desprecia mi inspiración, me considera una mediocridad, una nulidad, uno de tantos... (Dando un golpe al suelo con el pie). Lo comprendo muy bien, ¡lo comprendo! Es como si tuviera un clavo en el cerebro, maldito sea junto con toda mi idiotez, que me chupa la sangre, como una serpiente... (Viendo a Trigorin, que avanza leyendo un librito de notas). Aquí viene un verdadero genio; camina como Hamlet, también con un libro en la mano. (Haciendo burla). "Palabras, palabras,

palabras...". Este sol aún no se le ha acercado y usted ya sonríe, su mirada ya se ha derretido al contacto de los rayos que él despide. No voy a serle un estorbo. (Sale rápidamente).

**TRIGORIN** (Escribiendo en su libro de notas): Sorbe rapé y bebe vodka... Siempre va vestida de negro. El maestro está enamorado de ella...

**NINA:** ¡Buenos días, Boris Alexéievich!

**TRIGORIN:** Buenos días. Circunstancias imprevistas hacen que, al parecer, partamos hoy mismo. Difícil será que usted y yo volvamos a vernos alguna vez. Es una pena. Pocas veces tengo ocasión de encontrar a muchachas jóvenes, jóvenes e interesantes; ya he olvidado, sin que pueda representármelo con claridad, lo que se siente a los dieciocho y diecinueve años; por esto en mis novelitas y relatos, las jóvenes muchachas suelen desentonar. Quisiera estar en su puesto aunque sólo fuera por una hora para saber cómo piensa usted y, en general, qué avecilla es usted.

**NINA:** Pues yo quisiera estar en el suyo.

**TRIGORIN:** ¿Para qué?

**NINA:** Para saber qué experimenta un famoso escritor de talento. ¿Cómo se vive la celebridad? ¿Cómo siente usted el ser célebre?

**TRIGORIN:** ¿Cómo? Probablemente de ningún modo. Nunca he pensado en ello. (Reflexiona.) Una de dos: o exagera usted mi celebridad o la celebridad no se experimenta de ninguna manera.

**NINA:** ¿Y si lee lo que de usted se dice en los periódicos?

**TRIGORIN:** Cuando las palabras son de elogio, es agradable; cuando son de censura, estás luego, unos días de mal humor.

**NINA:** ¡Maravilloso mundo! ¡Cómo le envidio, si usted supiera! El destino de los hombres es diverso. Algunos apenas arrastran su existencia, aburrida e insignificante, todos se parecen unos a los otros,

todos son desdichados; en cambio a otros, corno, por ejemplo, a usted
—usted es uno entre un millón—, el destino les ha reservado una vida
interesante, luminosa, plena de sentido... Usted es feliz...

**TRIGORIN:** ¿Yo? (Encogiéndose de hombros). Hum... Usted
habla de celebridad, de ser feliz, de cierta vida luminosa e interesante;
para mí todas estas bellas palabras son, perdone usted, como una
mermelada de la que nunca como. Usted es muy joven y muy buena.

**NINA:** ¡Su vida es maravillosa!

**TRIGORIN:** ¿Qué hay en ella de singularmente bueno? (Mira el
reloj). Ahora he de irme a escribir. Perdóneme, no tengo tiempo... (Se
ríe). Usted, como suele decirse, ha dado en mi punto flaco, y aquí me
tiene comenzando a inquietarme y a enojarme un poco. Con todo, vamos
a hablar. Hablemos de mi magnífica y luminosa vida... Pero, ¿con qué
empezaremos? (Reflexiona un poco). A veces hay imágenes que se nos
imponen a la fuerza, como ocurre con el hombre que piensa siempre, día
y noche, por ejemplo, en la luna; también yo tengo una de esas lunas.
Día y noche me persigue una misma idea obsesionante; debo escribir,
debo escribir, debo... Apenas acabo un relato ya he de escribir otro, no sé
por qué; luego un tercero; después del tercero, el cuarto... Escribo sin
cesar, como si corriera en postas, y no puedo hacerlo de otro modo. ¿Qué
hay en esto de bello y luminoso, le pregunto? ¡Oh, qué absurda esta vida!
Ya ve, estoy a su lado, me emociono, y sin embargo, recuerdo a cada
instante que me está esperando un relato inacabado. Veo una nube
semejante a un piano de cola. Pienso: habrá que recordar en alguna parte
del relato que flotaba una nube parecida a un piano de cola. Huele a
heliotropo. Grabo en mi memoria: olor dulzón, color de viuda; recordarlo
al describir un atardecer de estío. Estoy al acecho de cada una de mis
frases, de cada una de sus frases, de cada una de las palabras, y me
apresuro a encerrar todas esas frases y palabras en mi despensa literaria:
¡a lo mejor algún día me serán útiles! Cuando acabo de trabajar, corro
al teatro o a pescar con caña; esto es bueno para descansar, para
distraerse; pero en la cabeza empieza a darme vueltas un pesado obús
de hierro fundido, un tema, y ya me siento atraído hacia la mesa, otra
vez he de apresurarme a escribir y escribir. Y así siempre, siempre, sin
un momento de sosiego frente a mí mismo; siento que devoro mi propia
vida, que para la miel que doy no sé a quién en el espacio, saqueo el

polen de mis mejores flores, arranco las flores mismas y pisoteo sus raíces. ¿Acaso no soy un loco? ¿Acaso mis parientes y conocidos me tratan como a una persona normal? "¿Qué está escribiendo? ¿Con qué va a regalarnos?". Siempre lo mismo, y a mí me parece que esta atención de mis conocidos, estas alabanzas de admiración no son más que engaño; me engañan, como a un enfermo, y a veces temo que cuando me- nos lo espere se me acercarán cautelosamente por atrás, me agarrarán y me conducirán, como a Poprischin, a un manicomio. Y en los años en que empecé, años de juventud, los mejores de la vida, escribir era para mí una tortura constante. Un pequeño escritor, sobre todo cuando la suerte no le sonríe, se siente torpe, inhábil, inútil, siempre con los nervios tensos, a flor de piel; vaga, sin poderlo Poprischin: personaje del Diario de un loco, de Gógol, evitar, en torno a las personas dedicadas a la literatura y al arte, desconocido, sin que nadie se fije en él; teme mirar directamente y sin miedo a los ojos, como jugador apasionado sin dinero. No veía a mi lector, pero me lo imaginaba hostil, desconfiado. Al público le tenía miedo, un miedo pavoroso, y cuando debía poner en escena una nueva obra, siempre me parecía que los morenos se hallaban mal dispuestos hacia mí y que los rubios se mantenían en una glacial indiferencia. ¡Qué terrible era esto! ¡Qué tortura!

**NINA:** Perdóneme, pero la inspiración y el proceso mismo de crear, ¿no le proporcionan, acaso, momentos de felicidad sublime?

**TRIGORIN:** Sí. Al escribir, experimento una sensación agradable. También es agradable corregir pruebas, mas... apenas lo escrito sale de la imprenta, se me hace insoportable, veo que no es como debe- ría, que es un error, que no debía haberlo escrito de ningún modo, y ello me entristece, me pone como un peso en el alma... (Riendo.) El público lee y dice: "No está mal, tiene talento... No está mal, pero le falta mucho para llegar a Tolstói", o bien: "Es una obra excelente, pero Padres e hijos, de Turguéniev, es mejor". Y así, hasta el fin de mis días, se repetirá que no está mal y tiene talento, no está mal y tiene talento, nada más; cuando haya muerto, quienes me conozcan dirán, al pasar por delante de mi tumba: "Aquí yace Trigorin. Era un buen escritor, pero no llegó a escribir como Turguéniev".

**NINA:** Perdóneme, renuncio a comprenderle. Lo que pasa es, sencillamente, que está usted mimado por el éxito.

**TRIGORIN:** ¿Qué éxito? Nunca me he sentido contento de mí mismo. No me gusto como escritor. Lo peor es que me encuentro como en cierto estado de embriaguez y, a menudo, no comprendo lo que escribo… A mí me encanta, mire, esta agua, los árboles, el cielo; siento la naturaleza, que despierta en mí la pasión, un deseo irresistible de escribir. Pero no soy sólo un paisajista; soy, además, un ciudadano, quiero a mi patria, al pueblo: siento que, si soy escritor, estoy obligado a hablar del pueblo, de sus sufrimientos, de su futuro; siento que estoy obligado a hablar de la ciencia, de los derechos del hombre, etcétera, y hablo de todo, me doy prisa, por todas partes me espolean, se impacientan, siguen adelantándose y yo voy quedándome atrás, cada vez más atrás, como mujik que llega tarde al tren; al final siento que sólo soy capaz de describir el paisaje y que, aparte de esto, cuanto escribo suena a falso y es falso hasta la médula.

**NINA:** Usted se ha dejado absorber demasiado por el trabajo y no tiene tiempo ni deseos de adquirir conciencia de su valía. Es posible que esté usted descontento de sí mismo, mas para los otros es grande y magnífico. Si yo fuera un escritor como usted, consagraría toda mi vida a la masa del pueblo, pero tendría conciencia de que la felicidad de esa masa está sólo en elevarse hasta mí, y la masa me llevaría en carro griego.

**TRIGORIN:** En carro griego... ¿Me toma usted por un Agamenón? (Sonríen los dos).

**NINA:** Por la felicidad de ser escritora o actriz, soportaría el desamor de la familia, la pobreza y las desilusiones, viviría en una buharda, comería sólo pan de centeno, aceptaría el sufrimiento de estar descontenta de mí misma y tener conciencia de mis imperfecciones; pero, a cambio, exigiría la fama... la fama auténtica, clamorosa… (Cubriéndose la cara con las manos). La cabeza me da vueltas... ¡Uf!... Voz de Arkádina desde la casa: "¡Boris Alexéievich!"

**TRIGORIN:** Me llaman... Será para preparar el equipaje. Y no tengo ningún deseo e partir. (Volviéndose hacia el lago.) ¡Esto es un paraíso!... ¡Qué bien!

**NINA:** Es la propiedad de mi difunta madre. Allí nací yo. He pasado toda mi vida junto a este lago y no hay en él islote que no conozca.

**TRIGORIN:** ¡Qué bien se está aquí (Viendo la gaviota.) Y esto, ¿qué es?

**NINA:** Una gaviota. Konstantín Gavrílovich la ha matado.

**TRIGORIN:** Hermoso pájaro. La verdad, no quisiera partir. Procure convencer a Irina Nikoláievna que se quede. (Escribe algo en su librito de notas).

**NINA:** ¿Qué escribe usted?

**TRIGORIN:** Nada, una pequeña nota... Se me ha ocurrido un tema... (Metiéndose el cuaderno en el bolsillo). Un tema para un relato breve: a la orilla de un lago vive desde la infancia una jovencita, como usted; quiere el lago, como una gaviota, es feliz y libre como una gaviota. Pero llega, casualmente, un hombre, la ve y, por no tener qué hacer, la sacrifica como a esta gaviota (Pausa).

Por una ventana se asoma ARKÁDINA.

**ARKÁDINA:** Boris Alexéievich, ¿dónde está usted?

**TRIGORIN:** Ahora voy. (Se dirige hacia la casa, volviendo la cabeza para mirar a Nina; al llegar al pie de la ventana, a Arkádina). ¿Qué hay?

**ARKÁDINA:** Nos quedamos.

Trigorin entra en la casa.

**NINA** (Se acerca a las candilejas; después de un momento de reflexión): ¡Es un sueño!

# ACTO TERCERO

Comedor en casa de Sorin. A derecha e izquierda, puertas. Un aparador. Un armario con medicamentos. En medio de la estancia, una mesa. Una maleta y cajas de cartón; son evidentes los preparativos de partida. TRIGORIN se desayuna, MASHA está de pie, junto a la mesa.

**MASHA:** Todo esto se lo cuento porque es usted escritor. Puede aprovecharlo. Se lo digo con el corazón en la mano: si él se hubiera herido seriamente, no le habría sobrevivido ni un minuto. De todos modos, soy valiente. He tomado una decisión: arrancaré de mi alma este amor, lo arrancaré de cuajo.

**TRIGORIN:** ¿De qué modo?

**MASHA:** Casándome. Con Medvedenko.

**TRIGORIN:** ¿Con el maestro?

**MASHA:** Sí.

**TRIGORIN:** No veo la necesidad.

**MASHA:** Amar sin esperanza, pasarse años enteros esperando... No bien me haya casado, adiós, amor; nuevas preocupaciones ahogarán el pasado. De todos modos, ¿sabe usted?, esto representará un cambio. ¿Bebamos otro vaso?

**TRIGORIN:** ¿No será demasiado?

**MASHA:** ¡Qué va! (Llena dos vasos). No me mire de esta manera. Las mujeres beben más a menudo de lo que usted se figura. Las menos beben abierta- mente, como yo; la mayoría, a escondidas. Sí. Y siempre vodka o coñac. (Chocan los vasos). ¡A la suya! Es usted un hombre sencillo, lástima que se vaya. (Beben).

**TRIGORIN:** También a mí me desagrada partir.

**MASHA:** Entonces, pídale que se quede.

**TRIGORIN:** No, ahora no se quedará. Su hijo se comporta con una falta de tacto extrema. Primero se disparó un tiro; ahora, según dicen, quiere retarme en duelo. ¿A qué santo? Se enoja, refunfuña, aboga por nuevas formas... Pero si sobra sitio para todas, para las nuevas y para las viejas, ¿qué necesidad hay de darse empujones?

**MASHA:** Además, los celos. De todos modos, esto no es cosa mía. (Pausa).

**YÁKOV** cruza la escena de izquierda a derecha llevando una maleta; entra NINA y se detiene junto a la ventana.

**MASHA:** Mi maestro no es muy inteligente, pero tiene buen corazón, es pobre y me quiere mucho. Me da pena. También me da pena su madre, que es viejecita. Bueno, permítame desearle a usted lo mejor. No guarde de mí un mal recuerdo. (Le estrecha fuertemente la mano). Le agradezco mucho su amabilidad. Envíeme sus libros y no se olvide de la dedicatoria. Pero no escriba: "A la muy respetable", sino, simplemente: "A María, que no recuerda a sus allegados, ni sabe para qué vive en este mundo". ¡Adiós! (Sale).

**NINA** (Tendiendo hacia Trigorin la mano cerrada): ¿Pares o nones?

**TRIGORIN:** Pares.

**NINA** (Suspirando): No. Sólo tengo en la mano un guisante. Quería resolver el dilema: ¿me hago actriz o no? ¡Si por lo menos hubiera alguien que pudiera aconsejarme!

**TRIGORIN:** En estas cosas no pueden darse consejos. (Pausa).

**NINA:** Nos separaremos y... probablemente no volveremos a vernos jamás. Le ruego acepte en recuerdo mío este pequeño medallón. He hecho grabar en él sus iniciales... y por la otra parte el título de su libro Los días y las noches.

**TRIGORIN:** ¡Qué bonito! (Besa el medallón). ¡Es un magnífico regalo!

**NINA:** Acuérdese de mí alguna vez.

**TRIGORIN:** La recordaré. La recordaré a usted tal como la vi aquel día soleado, ¿recuerda?, hace una semana, cuando llevaba usted un vestido claro… Estuvimos hablando... y había en el banco una gaviota blanca.

**NINA** (Pensativa): Sí, la gaviota.. . (Pausa.) No podemos seguir hablando, alguien se acerca... Antes de partir, concédame dos minutos, se lo suplico... (Sale por la izquierda; al mismo tiempo entran por la derecha Arkádina, Sorin vistiendo frac con una estrella en la solapa; luego Yákov, atareado en preparar el equipaje).

**ARKÁDINA:** Tú, mi viejo, quédate en casa. ¿Cómo vas a salir con tu reumatismo? (A Trigorin). ¿Quién acaba de irse? ¿Nina?

**TRIGORIN:** Sí.

**ARKÁDINA:** Perdón, hemos estorbado... (Se sienta). Creo que lo he puesto todo en las maletas. Estoy rendida.

**TRIGORIN** (Lee en el medallón): Los días y las noches página 121, líneas 11 y 12.

**YÁKOV** (Recogiendo lo que hay en la mesa): ¿Hay que empaquetar también las cañas de pescar?

**TRIGORIN:** Sí, aún las necesitaré. Los libros, dalos a quien quieras.

**YÁKOV:** Como usted mande.

**TRIGORIN** (Para sí): Página 121, líneas 11 y 12. ¿Qué dicen esas líneas? (A Arkádina.) ¿Tenéis mis libros aquí?

**ARKÁDINA:** Sí, están en el gabinete de mi hermano, en la estantería del rincón.

**TRIGORIN:** Página 121... (Sale.)

**ARKÁDINA:** La verdad, Petrusha, deberías quedarte en casa...

**SORIN:** Os vais y sin vosotros me sentiré muy solo aquí.

**ARKÁDINA:** Y en la ciudad, ¿qué?

**SORIN:** Nada extraordinario, pero de todos modos... (Se ríe). Se colocará la primera piedra del edificio del zemstvo y cosas por el estilo... Aunque sólo sea por unas horas tengo ganas de salir de esta vida de renacuajo, que es mucho lo que he permanecido arrinconado, como un trasto viejo. He mandado preparar los caballos para la una. Saldremos juntos.

**ARKÁDINA** (Después de una pausa): Bueno, te quedas a vivir aquí, no te aburras, no te resfríes. Atiende a mi hijo, cuida de él, guíale. (Pausa.) Ya ves: me voy y no sé por qué Konstantín quiso matarse. Me parece que la causa principal han sido los celos y cuanto antes me lleve de aquí a Trigorin, tanto mejor.

**SORIN:** ¿Cómo decírtelo? Había también otras causas. Se comprende: es joven, inteligente, vive en el campo, apartado de la ciudad, sin dinero, sin posición, sin futuro. Sin ocupaciones de ninguna clase. Se avergüenza de su ociosidad y la teme. Yo le quiero mucho, y él siente afecto por mí; pero él cree, en el fondo, que en casa sobra, que es, aquí, un gorrón, un paniaguado. Se comprende: el amor propio...

**ARKÁDINA:** ¡Cuántas preocupaciones me da! (Cavilosa.) Quizá si consiguiera algún empleo...

**SORIN** (Silba un poco; luego, con indecisión): A mi modo de ver, lo mejor sería que... le dieras algo de dinero. Lo primero que necesita es vestirse como Dios manda, eso es. Fíjate, lleva la misma chaquetita desde hace tres años, no tiene abrigo... (Se ríe). Tampoco le sobraría darse una vuelta... Hacer un viaje al extranjero, por ejemplo. . . ¡No resulta tan caro!

**ARKÁDINA:** De todos modos... Bueno, dinero para un traje aún puedo dárselo; mas para ir al extranjero... No, en este momento no puedo darle ni para un traje. (Decidida). ¡No tengo dinero!

Sorin se ríe.

**ARKÁDINA:** ¡No!

**SORIN** (Silba): Está bien. Perdóname, querida; no te enfades. Te creo... Eres una mujer generosa, noble.

**ARKÁDINA** (Con lágrimas en los ojos): ¡No tengo dinero!

**SORIN:** Si yo tuviera dinero, le habría dado yo mismo, está claro; pero no tengo ni cinco. (Se ríe). El administrador se me queda con toda la pensión que cobro y la gasta en agricultura, en ganadería, en apicultura, y mi dinero se pierde inútilmente. Las abejas se mueren, se mueren las vacas; los caballos, no me los dan nunca...

**ARKÁDINA:** Cierto, dinero tengo,  pero soy una artista; ya los vestidos son una ruina.

**SORIN:** Eres buena, simpática... Yo te estimo... Sí. . . Pero otra vez me ocurre algo... (Se tambalea). Me da vueltas la cabeza. (Se apoya en la mesa). Me siento mal, eso es.

**ARKÁDINA** (Asustada): ¡Petrusha! (Esforzándose por sostenerle). Petrusha, querido... (Grita.) ¡Ayudadme! ¡Socorro!...

Entran TREPLIOV, con la cabeza vendada, y MEDVEDENKO.

**ARKÁDINA:** Se siente mal.

**SORIN:** No es nada, no es nada... (Se sonríe y bebe agua). Ya ha pasado... eso es...

**TREPLIOV** (A su madre): No te asustes, mamá, esto no es peligroso. Ahora le pasa a menudo. (A su tío). Acuéstate un rato, tío.

**SORIN:** Un poco, sí... De todos modos haré el viaje hasta la ciudad... Me tumbaré un rato y luego iré... está claro... (Camina apoyándose en el bastón).

**MEDVEDENKO** (Le acompaña sosteniéndole por el brazo): Hay una adivinanza que dice: por la mañana, sobre cuatro patas; al mediodía, sobre dos; por la tarde, sobre tres...

**SORIN** (Se ríe): Eso es. Y por la noche, sobre la espalda. Muchas gracias, puedo caminar solo...

**MEDVEDENKO:** ¡Déjese de cumplidos!... (Medvedenko y Sorin se van).

**ARKÁDINA:** ¡Qué susto me ha dado!

**TREPLIOV:** No le sienta bien vivir en el campo. Se pone triste. Si tú, mamá, te sintieras generosa y le prestaras mil quinientos o dos mil rublos, él po- dría vivir en la ciudad todo el año.

**ARKÁDINA:** No tengo dinero, Soy actriz, no banquera. (Pausa).

**TREPLIOV:** Mamá, cámbiame la venda. Lo haces muy bien.

**ARKÁDINA** (Saca del armarito de los medicamentos yodoformo y una caja de vendas). El doctor se ha retrasado.

**TREPLIOV:** Prometió venir antes de las diez y ya es mediodía.

**ARKÁDINA:** Siéntate. (Le quita la venda de la cabeza). Parece que llevas turbante. Ayer un forastero preguntó en la cocina de qué nacionalidad eras. Casi se te ha cicatrizado por completo. Lo que queda no es nada. (Le besa en la cabeza). Cuando yo no esté aquí, ¿volverás a hacer pum-pum?

**TREPLIOV:** No, mamá. Aquél fue un minuto de desesperación insensata y no pude dominarme. No volverá a suceder. (Le besa la mano). Tienes unas manos de oro. Recuerdo que, hace mucho tiempo, cuando estabas aún en el Teatro Nacional —entonces era yo todavía un niño— hubo una pelea en el patio de nuestra casa y golpearon muy fuerte a una inquilina, lavandera. ¿Recuerdas? La levantaron del suelo sin sentido. . . tú fuiste a su casa muchas veces, le llevabas medicinas, le lavabas a los pequeñuelos en un lebrillo. ¿Es posible que no te acuerdes?

**ARKÁDINA:** No me acuerdo. (Le pone una nueva venda).

**TREPLIOV:** En nuestra casa vivían entonces dos bailarinas ... Venían a tomar el café contigo...

**ARKÁDINA:** Esto lo recuerdo.

**TREPLIOV:** Eran muy devotas. (Pausa). Últimamente, estos días, te quiero con tanta ternura y tan sin reserva como cuando era niño. Fuera de ti, ahora, no tengo a nadie. Pero, ¿por qué te dejas influir por este hombre, por qué?

**ARKÁDINA:** Tú no le comprendes, Konstantín. Es una personalidad nobilísima...

**TREPLIOV:** Sin embargo, cuando le han comunicado que yo me disponía a retarle en duelo, su nobleza no le ha impedido desempeñar el papel de cobarde. Se va. ¡Vergonzosa huida!

**ARKÁDINA:** ¡Qué tontería! Yo misma le pido que se vaya de aquí.

**TREPLIOV:** ¡Personalidad nobilísima! Ya ves, tú y yo por poco reñimos por su culpa y él estará ahora en el salón o en el jardín riéndose de nosotros... Preocupándose del desarrollo de Nina, procurando convencerla definitivamente de que él es un genio.

**ARKÁDINA:** Para ti es un placer decirme cosas desagradables. Estimo a ese hombre y te ruego no hables mal de él en presencia mía.

**TREPLIOV:** Pues yo no le estimo. Tú quieres que yo también le considere un genio; perdóname, no sé mentir, sus obras me dan náuseas.

**ARKÁDINA:** Esto es envidia. A las personas sin talento, pero con pretensiones, no les queda más que criticar a los verdaderos talentos. ¡Bonito consuelo, a fe mía!

**TREPLIOV** (Irónicamente): ¡Verdaderos talentos! (Furioso). ¡Tengo yo más talento que todos vosotros, si de esto se trata! (Se arranca la venda de la cabeza). ¡Sois unos rutinarios, os habéis hecho con el primer puesto en arte y sólo tenéis por legítimo y auténtico lo que vosotros hacéis; todo lo demás, lo oprimís, lo ahogáis! ¡Yo no me inclino ante vosotros! ¡No me inclino ante ti ni ante él!

**ARKÁDINA:** ¡Decadente!...

**TREPLIOV:** ¡Vuelve a tu querido teatro y actúa allí representando obras lamentables y torpes!

**ARKÁDINA:** Nunca he actuado representando obras semejantes. ¡Déjame en paz! Tú no eres capaz ni de escribir un lamentable vaudeville. ¡Provinciano de Kiev! ¡Parásito!

**TREPLIOV:** ¡Roñosa!

**ARKÁDINA:** ¡Desarrapado! Trepliov se sienta y llora suavemente. ¡Nulidad! (Paseando agitada). No llores. No hay que llorar... (Llora). No debes... (Le besa la frente, las mejillas, la cabeza). Mi hijo querido, perdóname... Perdona a tu pecadora madre. Perdóname: ¡soy tan desdichada!

**TREPLIOV** (Abrazándola): ¡ Si tú supieras! Lo he perdido todo. Ella no me quiere, yo ya no puedo escribir... He perdido toda esperanza...

**ARKÁDINA:** No te desesperes... Todo se arreglará. Él ahora se irá y ella volverá a quererte. (Le seca las lágrimas). Basta. Ya hemos hecho las paces.

**TREPLIOV** (Le besa las manos): Sí, mamá.

**ARKÁDINA** (Tiernamente): Haz también las paces con él. No ha de haber ningún duelo... ¿Verdad que no?

**TREPLIOV:** Está bien... Permítame tan sólo, mamá, no volver a verle. Me sería difícil... Es superior a mis fuerzas... (Entra TRIGORIN). Mira... Me voy... (Coloca a toda prisa los medicamentos en el armario). El vendaje ya me lo pondrá el doctor...

**TRIGORIN** (Busca en el libro): Página 121... Líneas 11 y 12... Aquí está... (Lee). "Si alguna vez necesitas de mi vida, ven y tómala". (Trepliov recoge del suelo la venda y sale).

**ARKÁDINA** (Mirando el reloj): Pronto tendremos los caballos preparados...

**TRIGORIN** (Para sí): Si alguna vez necesitas de mi vida, ven y tómala.

**ARKÁDINA:** Supongo que ya lo tienes todo preparado para la marcha, ¿no?

**TRIGORIN** (Impaciente): Sí, sí... (Absorto). ¿Por qué en esta llamada de un alma pura he percibido una nota de tristeza y se me ha encogido tan dolorosamente el corazón?... Si alguna vez necesitas de mi vida, ven y tómala. (A Arkádina.) ¡Quedémonos un día más! Arkádina mueve negativamente la cabeza. ¡Qué demonios!

**ARKÁDINA:** Ya sé, querido, lo que te retiene aquí. Pero has de dominarte. Estás un poco embriagado, vuelve en ti.

**TRIGORIN:** Sé tú también juiciosa, sé inteligente, razonable, te lo suplico, mira todo esto como una amiga verdadera... (Le estrecha la mano). Eres capaz de sacrificarte... Sé mi amiga, déjame...

**ARKÁDINA** (Muy agitada): ¿Tan enamorado estás?

**TRIGORIN:** ¡Me siento atraído hacia ella! Es esto, quizá, lo que me hace falta.

**ARKÁDINA:** ¿El amor de una muchacha de provincias? ¡Oh, qué poco te conoces a ti mismo!

**TRIGORIN:** A veces hay personas que duermen caminando; así ahora yo hablo contigo y es como si me hallara sumido en un sueño y en sueños la veo... Se han adueñado de mí unos sueños dulces, divinos... Déjame...

**ARKÁDINA** (Temblando): No, no... Yo soy una mujer como todas las otras, no es posible hablar conmigo de esta manera... No me tortures, Baris... Tengo miedo...

**TRIGORIN:** Si quieres, puedes ser extraordinaria. Un amor joven, encantador, poético, que transporte al mundo de los ensueños, ¡sólo un amor así puede dar la felicidad en la tierra! Un amor semejante aún no lo he experimentado... En mi juventud, no tuve tiempo, llamaba a la puerta de las redacciones, luchaba con la pobreza... Ahora aquí está: por fin ese amor ha llegado, me llama... ¿No sería insensato huir de él?

**ARKÁDINA** (Airada): ¡Has perdido la razón!

**TRIGORIN:** Qué más da.

**ARKÁDINA:** ¡Hoy os habéis puesto todos de acuerdo para atormentarme! (Llora).

**TRIGORIN** (Agarrándose la cabeza con las manos): ¡No comprende!, ¡no quiere comprender!

**ARKÁDINA:** ¿Es posible que sea ya tan vieja y fea que conmigo se pueda hablar, sin rebozo, de otras mujeres? (Le abraza y le besa): ¡Oh, te has vuelto loco! Amor mío, maravilloso, divino... ¡Eres la última página de mi vida! (Se hinca de rodillas). Eres mi alegría, mi orgullo, mi bien... (Le abraza las rodillas). Si me abandonas, aunque sólo sea por una hora, no lo soportaré, perderé, oh, mi admirable, mi magnífico, mi señor...

**TRIGORIN:** Puede venir alguien. (Le ayuda a levantarse).

**ARKÁDINA:** Que vengan, no me avergüenzo de mi amor por ti. (Le besa las manos). Tesoro mío, cabeza loca, quieres hacer locuras, pero yo no quiero, no te dejaré... (Se ríe). Tú eres mío... eres mío... Y esta frente es mía y los ojos son míos y estos espléndidos cabellos sedosos también son míos... Tú eres todo mío. Tú, con tanto talento, tan inteligente, el mejor de todos los escritores de ahora, tú, única esperanza de Rusia... Es tanta tu sinceridad, tu sencillez, tu frescor, tu humor sano... De un solo trazo sabes expresar lo esencial, lo característico de un ser o de un paisaje, tus personajes son como hombres vivos. ¡Oh, no es posible leerte sin arrobamiento! ¿Crees que esto es incienso? ¿Que te adulo? Mírame a los ojos... mira... ¿Me parezco a una mentirosa? Ya ves, sólo yo sé apreciarte; sólo yo te digo la verdad, querido mío, gloria mía... ¿Te irás conmigo? ¿Sí? ¿No me abandonarás?...

**TRIGORIN:** No tengo voluntad propia... Nunca he tenido propia voluntad… Blando, flojo, siempre obediente, ¿es posible que esto pueda gustar a las mujeres? Tómame, llévame de aquí, pero no te apartes de mí un solo paso…

**ARKÁDINA** (Para sí): Ahora es mío. (Desenvuelta, como si no hubiese pasado nada). Aunque, si quieres, puedes quedarte. Me iré yo y tú te vienes luego, dentro de una semana. La verdad, ¿por qué vas a darte prisa?

**TRIGORIN:** No, partiremos juntos, pues nos iremos juntos... (Pausa).

Trigorin escribe en su cuadernito.

**ARKÁDINA:** ¿Qué escribes?

**TRIGORIN:** Esta mañana he oído una expresión bonita: "Virginal pinar…". Me será útil. (Se estira.) Así pues, ¿nos vamos? Otra vez vagones, estaciones, cantinas, chuletas, conversaciones...

**SHAMRÁIEV** (Entra): Con profunda pena, tengo el honor de comunicarles que el coche está pre- parado. Es hora ya, muy respetable señora de dirigirse a la estación; el tren llega a las dos y cinco. Así pues, Irina Nikoláievna, hágame esa merced, no se olvide de preguntar dónde se encuentra ahora el actor Súzdaltsev, si vive, si goza de buena salud. En otro tiempo, bebimos juntos, en más de una ocasión... En El asalto del correo era inimitable... Recuerdo que entonces, en Elisavetgrado, actuaba con él el trágico Izrnáilov, también una gran personalidad... No tenga prisa, mi muy respetable señora, aún pue- de esperar cinco minutos. Una vez, en un melodrama, hacían de conspiradores, y cuando, de pronto, les echaron el guante, había que decir: "Hemos caído en la trampa" pero Izmáilov dijo: "Hemos caído en la tampra"... (Ríe a carcajadas.) ¡Tampra!...

Mientras él habla, YÁKOV se ocupa de las maletas; una DONCELLA trae a Arkádina el sombrero, el guardapolvo de viaje, la sombrilla y los guantes; todos ayudan a Arkádina a prepararse. Por la puerta de la izquierda se asoma el COCINERO, quien unos instantes después avanza indeciso. Entra POLINA ANDRÉIEVNA, luego entran SORIN y MEDVEDENKO.

**POLINA ANDRÉIEVNA** (Con una cestita): Aquí tiene usted ciruelas para el viaje... Son muy dulces. Quizá le apetezca golosinear un poco...

**ARKÁDINA:** Es usted muy buena, Polina Andréievna.

**POLINA ANDRÉIEVNA:** ¡Adiós, querida mía! Si algo no hemos hecho bien, perdónenos. (Llora).

**ARKÁDINA** (Abrazándola): Todo ha estado bien, muy bien. Sólo que no se ha de llorar.

**POLINA ANDRÉIEVNA:** ¡El tiempo nuestro se va!

**ARKÁDINA:** ¡Qué le vamos a hacer!

**SORIN** (Llevando abrigo con esclavina; con sombrero y bastón; entra por la puerta de la izquierda y atraviesa la escena): Hermana, ya es hora; no sea que, al final, lleguemos tarde. Voy a tomar asiento. (Sale).

**MEDVEDENKO:** Yo iré andando hasta la estación… a despedirles. Me daré prisa... (Sale).

**ARKÁDINA:** Hasta la vista, queridos... Si tenemos vida y salud, el próximo verano volveremos a vernos... (La doncella, Yákov y el cocinero le besan la mano.) No os olvidéis de mí. (Da un rubio al cocinero). Aquí tenéis un rublo para los tres.

**COCINERO:** ¡Mil gracias, señora! ¡Qué tenga feliz viaje! ¡Quedamos muy reconocidos!

**SHAMRÁIEV:** ¡Nos haría felices si nos mandara una cartita! ¡Adiós, Boris Alexéievich!

**ARKÁDINA:** ¿Dónde está Konstantín? Decidle que parto. Hay que despedirse. Bueno, no guardéis mal recuerdo de nosotros. (A Yákov). He dado un rublo al cocinero. Es para los tres. Todos salen por la derecha. La escena queda vacía. Detrás de la escena, ruido, tal como suele producirse en las despedidas. La DONCELLA vuelve para tomar de la mesa la cestita con las ciruelas y sale de nuevo.

**TRIGORIN** (Regresando): Se me ha olvidado el bastón. Me parece que lo he dejado en la terraza. (Avanza y junto a la puerta de la izquierda se encuentra con Nina, que entra). ¿Es usted? Partimos...

**NINA:** Presentía que volveríamos a vernos. (Agitada). Boris Alexéievich, he tomado una decisión irrevocable, la suerte está echada: me dedicaré al teatro. Mañana ya no estaré aquí, me voy del lado de mi padre, lo abandono todo, empezaré una nueva vida... Partiré, como usted... hacia Moscú. Allí nos veremos.

**TRIGORIN** (Mirando en torno): Alójese en el Bazar Eslavo... Hágamelo saber en seguida... Calle de Molchánovka, casa de Grojolski... He de darme prisa... (Pausa).

**NINA:** Todavía otro minuto...

**TRIGORIN** (A media voz): Es usted tan hermosa... ¡Oh, qué felicidad pensar que pronto nos veremos! (Nina apoya la cabeza sobre el pecho de Trigorin.) Otra vez veré estos ojos maravillosos, esta tierna sonrisa de indescriptible belleza... estos dulces rasgos, expresión de angelical pureza... Querida mía... (Un largo beso).

Entre los actos tercero y cuarto transcurren dos años.

# ACTO CUARTO

Uno de los salones de la casa de Sorin transformado por Konstantín Trepliov en gabinete de trabajo. A la derecha y a la izquierda, puertas, que conducen a habitaciones interiores. Enfrente, una puerta vidriera que da a la terraza. Además del mobiliario habitual de un salón, hay una mesa de escribir en un ángulo, a la derecha; junto a la puerta de la izquierda, un diván; hay un armario con libros, y libros en los alféizares de las ventanas y en las sillas. Anochece. Arde una lámpara con pantalla. Penumbra. Se oye el ruido de los árboles y el silbido del viento en las chimeneas. El guarda revela su presencia haciendo resonar el chuzo.

Entran MEDVEDENKO y MASHA.

**MASHA** (Llamando): ¡Konstantín Gavrílich! (Mirando a su alrededor). No hay nadie. El viejo no hace más que preguntar a cada momento dónde está Kostia, dónde está Kostia... No puede vivir sin él...

**MEDVEDENKO:** Tiene miedo a la soledad. (Escuchando con atención). ¡Qué tiempo más horrible! Ya es el segundo día.

**MASHA** (Da un poco más de mecha a la luz). En el lago se forman olas enormes.

**MEDVEDENKO:** El jardín está oscuro. Haría falta mandar que desmonten ese teatro del jardín. Ahí está, desnudo, horrible, como un esqueleto, y el viento hace batir el telón. Ayer, al pasar cerca de allí, de noche, me pareció que alguien estaba dentro, llorando.

**MASHA:** Vaya, hombre... (Pausa).

**MEDVEDENKO:** Vámonos a casa, Masha.

**MASHA (Mueve** negativamente la cabeza): Pasaré la noche aquí.

**MEDVEDENKO** (Suplicante): Masha, ¡Vámonos! A lo mejor nuestro pequeñín tiene hambre. (Pausa.)

**MASHA:** ¡Bah! Matriona le dará de comer. (Pausa).

**MEDVEDENKO:** Me da pena. Es ya la tercera noche que no ve a su madre.

**MASHA:** Qué latoso te has vuelto. Antes, por lo menos, a veces filosofabas; pero ahora siempre me vienes con la misma canción: el pequeño, a casa, el pequeño, a casa, y no hay modo de sacar de ti otra cosa.

**MEDVEDENKO:** Vamos, Masha.

**MASHA:** Vete tú.

**MEDVEDENKO:** Tu padre no me dará el caballo.

**MASHA:** Te lo dará. Pídeselo y te lo dará.

**MEDVEDENKO:** Está bien, se lo pediré. ¿Así pues, volverás mañana?

**MASHA** (Olisquea rapé): Bueno, mañana. Qué pesado.

Entran TREPLIOV Y POLINA ANDRÉIEVNA; Trepliov trae almohadas y una manta; Polina Andréievna, unas sábanas; lo ponen todo sobre el diván; luego, Trepliov va a sentarse a su mesa de escribir.

**MASHA:** ¿Por qué traen esto aquí, mamá?

**POLINA ANDRÉIEVNA:** Piotr Nikoláievich ha pedido que le preparemos la cama en el gabinete de Kostia.

**MASHA:** Déjeme, la haré yo... (Prepara la cama).

**POLINA ANDRÉIEVNA** (Suspirando): Los viejos son como los niños... (Se acerca a la mesa de escribir y, apoyándose de codos en ella, mira un manuscrito; pausa).

**MEDVEDENKO:** Así pues, me voy. Adiós, Masha. (Besa la mano a su mujer). Adiós, mamá. (Se dispone a besar la mano a su suegra).

**POLINA ANDRÉIEVNA** (Molesta): ¡Deja! Que Dios te guarde. Trepliov le tiende la mano sin decir palabra; Medvedenko sale.

**POLINA ANDRÉIEVNA** (Mirando el manuscrito): Nadie pensaba ni se habría imaginado que usted, Kostia, iba a convertirse en un verdadero escritor. Y ya ve, a Dios gracias, las revistas han comenzado a enviarle dinero. (Le pasa la mano por los cabellos). Y también se ha vuelto hermoso... ¡Querido Kostia, mi buen Kostia, sea más amable con mi pequeña Masha!...

**MASHA** (Preparando la cama): Déjele, mamá.

**POLINA ANDRÉIEVNA** (A Trepliov): Es tan buenecita. (Pausa). Una mujer, Kostia, sólo necesita una cosa: que la miren con ternura. Lo sé por mí misma.

Trepliov se levanta de la mesa y se va sin decir nada.

**MASHA:** Le ha molestado. ¡Qué necesidad tenía de insistir!

**POLINA ANDRÉIEVNA:** Me das pena, Másheñka.

**MASHA:** ¡La falta que me hace!

**POLINA ANDRÉIEVNA:** Por ti tengo el corazón dolorido. Lo veo todo, ¿sabes?, todo lo comprendo.

**MASHA:** Estupideces. El amor sin esperanza sólo se da en las novelas. Tonterías. Lo único que hace falta es no abandonarse y no pasarse el tiempo esperando no se sabe qué, esperando que la mar se aparte... Si el amor anida en el corazón, hay que echarlo fuera. Verá, han prometido trasladar a mi marido a otra provincia. Cuando estemos allí, lo olvidaré todo... lo arrancaré del corazón de raíz.

Se oyen las notas de un vals melancólico; llegan del interior, a través de dos habitaciones.

**POLINA ANDRÉIEVNA:** Kostia está tocando. Esto significa que se siente triste.

**MASHA** (Da dos o tres vueltas de vals en silencio): Lo importante, mamá, es no tenerle ante los ojos. Que concedan el traslado a mi Semión y allí, créame usted, en un mes olvidaré. Todo esto son pequeñeces.

Se abre la puerta de la izquierda; DORN y MEDVEDENKO empujan el sillón en que está sentado SORIN.

**MEDVEDENKO:** En casa tengo ahora seis personas. Y la harina está a setenta kopels el pud.

**DORN**: Y arréglatelas como quieras.

**MEDVEDENKO:** Usted puede reír, usted tiene la bolsa bien repleta.

¿La bolsa repleta? En treinta años de ejercicio, amigo mío, años intranquilos, durante los cuales no he tenido míos ni los días ni las noches, logré reunir tan sólo dos mil rublos y me los he gastado no hace mucho en el extranjero. No tengo nada.

**MASHA** (A su marido): ¿No te has ido?

**MEDVEDENKO** (Como si fuera culpable): ¿Qué quieres que haga? ¡No me dan el caballo!

**MASHA** (Con amargo despecho, a media voz): ¡Ojalá mis ojos no te vieran!

Detienen el sillón en la mitad izquierda de la estancia; Polina Andréievna, Masha y Dorn se sientan cerca de él. Medvedenko, entristecido, se aparta.

**DORN:** ¡Cuántos cambios hay aquí! De un salón han hecho un gabinete.

**MASHA:** A Konstantín Gavrílich le resulta más cómodo trabajar aquí. Puede salir al jardín a meditar cuando quiere.

Se oyen los golpes del guarda.

**SORIN:** ¿Dónde está mi hermana?

**DORN:** Ha ido a la estación, a esperar a Trigorin. Pronto estará de vuelta.

**SORIN:** Si usted ha creído necesario hacer venir aquí a mi hermana, es que estoy enfermo de gravedad. (Después de unos momentos de silencio.) Bonita historia, estoy gravemente enfermo y no me dan ninguna medicina.

**DORN:** ¿Y qué quiere usted? ¿Gotas de valeriana? ¿Soda? ¿Quina?

**SORIN:** Vaya, otra vez filosofías. ¡Oh, qué castigo! (Señalando el diván con la cabeza). ¿Lo han preparado para mí?

**POLINA ANDRÉIEVNA:** Para usted, Piotr Nikoláievich.

**SORIN:** Gracias.

**DORN** (Canturreando): "Flota la luna por los cielos nocturnos…".

**SORIN:** Verán, quiero dar a Kostia un tema para una novelita, que deberá titularse "El hombre que ha querido", L homme qui a volulu. En otro tiempo, cuando joven, quería hacerme literato, y no lo hice; quería hablar con elegancia y siempre he hablado de manera espantosa (parodiándose): "Y eso, eso es, así pues y así no"…, a veces, me he puesto a resumir, resumir... hasta quedar bañado en sudor; quería casarme y no me he casado; quería vivir siempre en la ciudad, y ya ven, acabo mi vida en el campo, eso es.

**DORN:** Quería llegar a ser consejero de Estado y ha llegado a serlo.

**SORIN** (Riéndose): Esto no lo buscaba. Vino por sí mismo.

**DORN:** Manifestar descontento de la vida a los sesenta y dos años, reconózcalo usted, no es generoso.

**SORIN:** ¡Qué tozudo! ¡Pero comprenda que se tienen ganas de vivir!

**DORN:** Esto es poco serio. Según las leyes de la naturaleza, toda vida ha de tener un fin.

**SORIN:** Usted razona como un hombre ahíto. Usted va harto y por esto es indiferente a la vida, a usted todo le da lo mismo. Pero también a usted le causará pavor morir.

**DORN:** El miedo a la muerte es un miedo animal... Hay que vencerlo. Conscientemente, sólo temen la muerte los que creen en la vida eterna y se asustan de sus pecados. Pero usted, en primer lugar no es creyente; en segundo lugar, ¿qué pecados le atribulan? Ha prestado sus servicios en el Departamento de Justicia durante veinticinco años, y eso es todo.

**SORIN** (Riéndose): Veintiocho...

Entra TREPLIOV y se sienta en un escabel, a los pies de Sorin. Masha no aparta de él sus ojos.

**DORN:** No dejamos trabajar a Konstantín Gravílovich.

**TREPLIOV:** No, no importa. (Pausa).

**MEDVEDENKO:** Permítame una pregunta, doctor: ¿cuál es la ciudad extranjera que más le ha gustado?

**DORN:** Génova.

**TREPLIOV:** ¿Por qué Génova?

**DORN:** Hay en las calles de esa ciudad una muchedumbre excepcional. Al atardecer, cuando sales del hotel, la calle está llena de gente, caminas luego entre la muchedumbre sin objetivo alguno, sin rumbo, siguiendo una línea quebrada; vives con la gente, te fundes psíquicamente con ella y empiezas a creer que, en verdad, es posible la existencia de una sola alma universal, semejante a la que un día, en su obra, personificó Nina Zariéchnaia. A propósito, ¿dónde está ahora Zariéchnaia? ¿Dónde está y cómo está?

**TREPLIOV:** Es de suponer que goza de buena salud.

**DORN:** Me han dicho que ha llevado una vida un poco especial. ¿De qué se trata?

**TREPLIOV:** Es una larga historia, doctor.

**DORN:** Cuéntela en pocas palabras. (Pausa).

**TREPLIOV:** Huyó de su casa y se unió a Trigorin. ¿Lo sabía usted?

**DORN:** Lo sabía.

**TREPLIOV:** Tuvo un niño. El niño murió. Trigorin dejó de quererla y volvió a sus antiguos afectos, como era de esperar. De todos modos, nunca había roto sus viejas relaciones en un lado y en otro. Por lo que he podido comprender de lo que se me ha dicho, la vida privada de Nina ha sido un fracaso total.

**DORN:** ¿Y en la escena?

**TREPLIOV:** Según parece, aún ha sido peor. Debutó en un punto de veraneo cerca de Moscú, luego se fue a provincias. En aquel entonces yo no la perdía de vista y durante cierto tiempo la seguí adonde fuera. Representaba siempre papeles importantes, pero lo hacía sin gracia, sin gusto, forzando la voz y gesticulando de manera brusca. Había momentos en que sabía emitir un grito con arte, pero se trataba sólo de momentos.

**DORN:** ¿Así pues, talento artístico no le falta?

**TREPLIOV:** Era difícil de comprender. Probablemente lo tiene. Yo la veía, pero ella no quería verme; en el hotel daba orden de que no se me deja- ra pasar a visitarla. Yo comprendía su estado de ánimo y no insistía en obtener la entrevista. (Pausa). ¿Qué más podría decirle? Después, cuando volví a casa, recibí de ella unas cartas. Eran cartas inteligentes, afectuosas, interesantes; no se quejaba, pero yo me daba cuenta de que era profundamente desdichada; no había línea que no respondiera a un nervio tenso, enfermo. También tenía la imaginación un poco perturbada. Se firmaba Gaviota. En el poema La Sirena, el molinero dice que es un cuervo. Así ella, en sus cartas, repetía siempre que es una gaviota. Ahora está aquí.

**DORN:** ¿Cómo se entiende, aquí?

**TREPLIOV:** En la ciudad, en una hostería. Hace ya cinco días que se aloja allí. Yo he ido a verla, y también ha ido María Ilínichna, pero no recibe a nadie. Semión Semiónovich afirma que ayer, después del almuerzo, la vio, en el campo, a dos verstas de aquí.

**MEDVEDENKO:** Sí, la vi. Ella iba en dirección opuesta, hacia la ciudad. La saludé y le pregunté por qué no venía a hacernos una visita. Me contestó que vendría.

**TREPLIOV:** No vendrá. (Pausa). Su padre y su madrastra no quieren saber nada de ella. Han puesto guardas en todas partes para que no la dejen acercarse ni siquiera a la finca. (Se aparta con el doctor hacia la mesa de escribir). ¡Qué fácil, doctor, ser filósofo en el papel y qué difícil serlo en la realidad!

**SORIN:** Era una muchacha encantadora.

**DORN:** ¿Qué?

**SORIN:** Digo que era una muchacha encantadora. El consejero de Estado Sorin hasta estuvo enamorado de ella cierto tiempo.

**DORN:** ¡Viejo Don Juan!

Se oyen risas de Shamráiev.

**POLINA ANDRÉIEVNA:** Me parece que los nuestros han vuelto de la estación...

**TREPLIOV:** Sí, oigo a mamá.

Entran ARKÁDINA y TRIGORIN; tras ellos, SHAMRÁIEV.

**SHAMRÁIEV** (Entrando): Todos nosotros envejecemos, nos vamos apergaminando bajo la acción de los elementos, pero usted, mí muy respetable señora, sigue tan joven…Blusa clara, viveza... gracia...

**ARKÁDINA:** Otra vez quiere que el maleficio me persiga. ¡Ah, qué enfadoso es usted!

**TRIGORIN** (A Sorin): ¡Muy buenas, Piotr Nikoláievich! ¿Qué es eso de estar siempre malucho? ¡Eso no está bien! (Al ver a Masha, alegremente). ¡María Ilínichna!

**MASHA:** ¿Me ha reconocido? (Le estrecha la mano).

**TRIGORIN:** ¿Casada?

**MASHA:** Hace mucho.

**TRIGORIN:** ¿Feliz? (Saluda a Dorn y a Medvedenko; luego, indeciso, se acerca a Trepliov). Irina Nikoláievna me ha dicho que usted ya ha olvidado lo pasado y que no me guarda rencor.

Trepliov le tiende la mano.

**ARKÁDINA** (Al hijo): Mira, Boris Alexéievich ha traído la revista con tu nuevo relato.

**TREPLIOV** (Tomando la revista; a Trigorin): Gracias. Es usted muy amable. (Se sientan).

**TRIGORIN:** Sus admiradores le mandan saludos... En Petersburgo y en Moscú se interesan mucho por usted y siempre me están haciendo preguntas acerca de su persona. Quieren saber cómo es, cuántos años tiene, si es moreno o rubio. No sé por qué, todos creen que usted ya no es joven. Y nadie sabe cuál es su verdadero nombre, pues todo lo publica bajo seudónimo. Usted es misterioso como la Máscara de Hierro.

**TREPLIOV:** ¿Viene usted por mucho tiempo?

**TRIGORIN:** No, pienso regresar a Moscú mañana mismo. Es necesario. He de terminar pronto una novelita y, además, he prometido dar algo para una antología. En una palabra, siempre la misma historia.

Mientras ellos hablan, Arkádina y Polina Andréievna colocan en medio de la estancia una mesa de juego y la abren; Shamráiev enciende unas velas, acerca unas sillas. Sacan del armario un juego de lotería.

**TRIGORIN**: El tiempo no me ha recibido con mucha amabilidad. El viento es endiablado. Mañana por la mañana, si se calma, iré a pescar en el lago. A propósito, he de dar un vistazo al jardín, y al lugar en que se presentó su obra, ¿recuerda? Tengo ya maduro un tema, necesito sólo refrescar en la memoria el lugar de la acción.

**MASHA** (A su padre): ¡Papá, deja que mi marido tome el caballo! Ha de volver a casa.

**SHAMRÁIEV** (Remedándola): El caballo... a casa... (Severo.) Tú misma lo has visto: acabamos de mandarlo a la estación. No es posible arrearlo otra vez.

**MASHA:** Pero hay otros caballos... (Al ver que su padre calla, hace un gesto con la mano.). Tratar contigo...

**MEDVEDENKO:** Iré a pie. Masha. La verdad...

**POLINA ANDRÉIEVNA** (Suspirando): ¿A pie, con este tiempo?... (Se sienta a la mesa de juego.) Hagan el favor, señores.

**MEDVEDENKO:** Total, no son más que seis verstas... Adiós... (Besa la mano a su mujer). Adiós, mamá. (La suegra le tiende de mala gana la mano para que se la bese). No habría molestado a nadie, pero el pequeñuelo... (Sale; camina como una persona que se siente culpable de algo).

**SHAMRÁIEV:** No te preocupes, llegará. No es ningún general.

**POLINA ANDRÉIEVNA** (Dando unos golpes sobre la mesa). Por favor, señores. No perdamos el tiempo, que pronto nos llamarán a cenar.

Shamráiev, Masha y Dom se sientan a la mesa.

**ARKÁDINA** (A Trigorin): Cuando llegan las largas veladas otoñales, aquí se juega a la lotería. Mire: este juego de lotería es vicio, lo usaba ya nuestra difunta madre cuando jugaba con nosotros, de pequeños. ¿No quiere echar una partida, mientras esperamos la hora de cenar? (Arkádina y Trigorin se sientan a la mesa.) Es un juego aburrido, pero si uno se acostumbra, no se da cuenta. (Sirve tres cartones a cada uno).

**TREPLIOV** (Hojeando la revista): Su novelita la ha leído, pero la mía... ni siquiera ha cortado las páginas. (Pone la revista sobre la mesa de escribir, luego se dirige hacia la puerta de la izquierda; al pasar cerca de su madre, le da un beso en la cabeza).

**ARKÁDINA:** ¿Y tú, Kostia?

**TREPLIOV:** Perdona, no tengo ganas... Voy a dar una vuelta. (Sale).

**ARKÁDINA:** La puesta es de diez kopeks. Ponga por mí, doctor.

**DORN:** Hecho.

**MASHA:** ¿Han puesto todos? Empiezo... ¡Veintidós!

**ARKÁDINA:** Bien.

**MASHA:** ¡Tres!..

**DORN:** Eso es.

**MASHA:** ¿Han puesto el tres? ¡Ocho! ¡Ochenta y uno! ¡Diez!

**SHAMRÁIEV:** No corras.

**ARKÁDINA:** Qué acogida me hicieron en Járkov, ¡madre mía!, aún la cabeza me da vueltas.

**MASHA:** ¡Treinta y cuatro!

Tras la escena tocan un vals melancólico.

**ARKÁDINA:** Los estudiantes me tributaron una ovación... Tres cestas de flores, dos coronas y miren... (Se quita un broche del pecho y lo arroja sobre la mesa).

**SHAMRÁIEV:** Vaya, es cosa buena...

**MASHA:** ¡Cincuenta!

**DORN:** ¿Cincuenta exactos?

**ARKÁDINA:** Yo llevaba un vestido maravilloso... En eso del vestir, sé lo que me hago.

**POLINA ANDRÉIEVNA:** Kostia está tocando. Se siente triste, el pobre.

**SHAMRÁIEV:** En los periódicos le atacan mucho.

**MASHA:** ¡Setenta y siete!

**ARKÁDINA:** ¿Para qué hacer caso?

**TRIGORIN:** No tiene suerte. No hay modo de que llegue a encontrar su propio tono. Siempre escribe cosas raras, vagas, a veces parecen desvaríos. Ni un personaje real, vivo.

**MASHA:** ¡Once!

**ARKÁDINA** (Mirando a Sorin): Petrusha, ¿te aburres? (Pausa.) Duerme.

**DORN:** El consejero de Estado duerme.

**MASHA:** ¡Siete! ¡Noventa!

**TRIGORIN:** Si yo hubiera vivido en una finca como ésta, junto a un lago, ¿acaso me habría puesto a escribir? Habría sofocado en mí esta pasión y no habría hecho otra cosa que pescar.

**MASHA:** ¡Veintiocho!

**TRIGORIN:** ¡Es un placer tan grande pescar un gobio o una perca!

**DORN:** Pues yo creo en Konstantín Gavrílovich. Algo hay en él. ¡Algo hay! Piensa por medio de imágenes, sus relatos son vivos, tienen colorido y yo los siento profundamente. La pena está en que no se plantea problemas concretos. Causa impresión, nada más, y sólo con impresiones no se llega muy lejos. Irina Nikoláievna, ¿está usted contenta de que su hijo sea escritor?

**ARKÁDINA:** Figúrese que aún no he leído nada. Nunca tengo tiempo...

**MASHA:** ¡Veintisiete!

Trepliov entra silenciosamente y se dirige a su mesa de escribir.
SHAMRÁIEV (A Trigorin): En nuestra casa, Boris Alexéievich, ha quedado una cosa suya.

**TRIGORIN:** ¿Cuál?

**SHAMRÁIEV:** Una vez Konstantín Gavrílovich mató una gaviota y usted me encargó que la hiciera disecar.

**TRIGORIN:** No lo recuerdo. (Pensando). ¡No lo recuerdo!

**MASHA:** ¡Sesenta y seis! ¡Uno!

**TREPLIOV** (Abre la ventana y se pone a escuchar): ¡Qué oscuridad! No comprendo por qué me siento tan intranquilo.

**ARKÁDINA:** Kostia, cierra la ventana, se nota aire.

Trepliov cierra la ventana.

**MASHA:** ¡Ochenta y ocho!

**TRIGORIN:** La partida es mía, señores.

**ARKÁDINA** (Alegremente): ¡Bravo, bravo!

**SHAMRÁIEV:** ¡Bravo!

**ARKÁDINA:** Este hombre siempre tiene suerte, en todas partes. (Se levanta). Ahora vamos a comer alguna cosa. Nuestra celebridad hoy no ha almorzado. Después de cenar continuaremos. (A su hijo). Kostia, deja tus manuscritos, vamos a comer.

**TREPLIOV:** No quiero, mamá; no tengo ganas.

**ARKÁDINA:** Como quieras. (Despierta a Sorin). ¡Petrusha, a cenar! (Toma a Shamráiev del brazo.) Le voy a contar cómo me recibieron en Járkov...

Polina Andréievna apaga las velas de la mesa; luego ella y Dorn empujan el sillón. Todos se van por la puerta de la izquierda; en escena queda sólo Trepliov, sentado a su mesa de escribir.

**TREPLIOV** (Se dispone a escribir; relee lo que ya ha escrito): Tanto como he hablado de nuevas formas y ahora siento que yo mismo, poco a poco, estoy cayendo en la rutina... (Lee). "El cartel fijado en el muro rezaba... Un rostro pálido, circundado de negros cabellos"... Rezaba, circundado... Eso es banal. (Lo tacha). Comenzaré describiendo cómo el ruido de la lluvia despierta a mi protagonista, y todo lo demás, fuera. La descripción de la noche de luna es larga y rebuscada. Trigorin se ha elaborado ya sus recursos, a él le resulta fácil... En una presa, él ve brillar el cuello de una botella rota, percibe la negra sombra de una rueda de molino y ya tiene la descripción de la noche de luna; en lo que yo escribo, en cambio, hay luz trémula, silencioso centelleo de estrellas, lejanos sonidos de un piano de cola que se apagan en el aire fragante... ¡Qué tortura! (Pausa). Sí, cada vez me convenzo más de que la cuestión no está en las formas viejas o nuevas, sino en que el hombre escriba sin pensar en forma alguna, en que escriba, porque lo que escribe fluye libremente de su alma. (Alguien llama a la ventana más próxima a la mesa). ¿Quién es? (Mira por la ventana). No se ve nada... (Abre la puerta vidriera y mira al jardín). Alguien ha bajado los peldaños corriendo. (Grita). ¿Quién hay aquí? (Sale; se le oye caminar rápidamente por la terraza; unos momentos después, vuelve con Nina Zariéchnaia). ¡Nina! ¡Nina!

Nina le apoya la cabeza en el pecho y llora, conteniéndose.

**TREPLIOV** (Conmovido): ¡Nina! ¡Nina! Es usted... usted... Tenía como un presentimiento, he sentido una gran congoja todo el día. (Le quita el sombrero y la toquilla). Oh, mi niña buena, mi encanto. ¡Ha venido! Nada de llantos, nada.

**NINA:** Hay alguien aquí.

**TREPLIOV:** No hay nadie.

**NINA:** Cierre las puertas; si no, entrarán.

**TREPLIOV:** No entrará nadie.

**NINA:** Irina Nikoláievna está aquí, lo sé. Cierre las puertas...

**TREPLIOV** (Cierra con llave la puerta de la derecha; se acerca a la de la izquierda). Esta no tiene cerradura. Pondré un sillón. (Coloca un sillón contra la puerta). No tema, no entrará nadie.

**NINA** (Le mira fijamente a la cara): Déjeme que le mire. (Volviendo la vista por la estancia). Aquí no hace frío, se está bien. Antes esto era el salón. ¿He cambiado mucho?

**TREPLIOV:** Sí... Ha adelgazado y los ojos se le han hecho mayores. Nina, ¡qué extraño me parece verla! ¿Por qué no me ha permitido visitarla nunca? ¿Por qué no ha venido hasta ahora? Sé que vive usted aquí hace casi una semana... Todos los días me he acercado varias veces a su casa, me he quedado al pie de su ventana, como un mendigo.

**NINA:** Tenía miedo de que me odiara. Todas las noches sueño que usted me mira y no me reconoce. ¡Si usted supiera! Desde que he llegado no he hecho más que venir hacia aquí... hacia el lago. He estado muchas veces cerca de esta casa sin atreverme a entrar. Sentémonos. (Se sientan). Sentémonos y hablemos, hablemos. Qué bien se está aquí, qué acogedor, sin frío. ¿Oye el viento? Turguéniev dice, en alguna parte: "Dichoso aquel que en noches como ésta tiene un techo para cobijarse y un rincón caliente". Yo soy una gaviota... No, no es eso (Se pasa la mano por la frente). ¿De qué estaba hablando? Sí... Turguéniev. "Y que Dios ayude a todos los peregrinos sin albergue"... No es nada. (Llora).

**TREPLIOV:** Nina, otra vez ... ¡Nina!

**NINA:** No es nada, esto me alivia... Hace ya dos años que no he llorado. Ayer, anochecido ya, vine al jardín para ver si se conservaba aún nuestro teatro. Todavía sigue en pie. Me puse a llorar por primera vez después de dos años y me sentí consolada, se me hizo más clara el alma. ¿Ve? Ya no lloro. (Le toma de la mano.) Así, usted se ha convertido en un escritor ... Usted es escritor, yo soy actriz ... También nosotros hemos caído en el torbellino... Yo vivía gozosa, como una niña: me despertaba por la mañana y me ponía a cantar; le amaba a usted, soñaba con la fama, ¿y ahora? Mañana a primera hora de la mañana he de partir para Eléts, en tercera clase... en compañía de mujiks, y en Eléts los mercaderes instruidos me asediarán con sus galanterías. ¡Qué grosera es la vida!

**TREPLIOV:** ¿Por qué a Eléts?

**NINA:** Me he contratado por todo el invierno. Ya es hora de que me vaya.

**TREPLIOV:** Nina, yo la he maldecido a usted, la he odiado, he roto sus cartas y fotografías, pero a cada instante he tenido conciencia de que mi alma le pertenece para siempre. No tengo fuerzas para dejar de quererla, Nina. Desde que la perdí y empecé a publicar, la vida se me ha hecho insoportable, sufro... Es como si, de golpe, me hubieran arrancado la juventud, y tengo la impresión de haber vivido noventa años. Yo la invoco, beso la tierra por la que usted ha pasado, dondequiera que miro se me figura ver su rostro, esta dulce sonrisa que ha iluminado los mejores años de mi vida...

**NINA** (desconcertada): ¿Por qué habla de este modo? ¿Por qué habla de este modo?

**TREPLIOV:** Estoy solo, no hay afecto alguno que me dé calor, tengo frío como en un subterráneo, y cuanto escribo es seco, duro, tenebroso. ¡Quédese aquí, Nina, se lo suplico, o déjeme partir con usted!

Nina se pone rápidamente el sombrero y la toquilla.

**TREPLIOV:** ¿Por qué, Nina? En nombre de Dios, Nina... (Mira cómo ella se prepara para salir; pausa).

**NINA:** El coche me espera frente al portillo. No me acompañe, iré sola... (Entre lágrimas.) Deme un poco de agua...

**TREPLIOV** (Dándole un vaso de agua): ¿Adónde va usted ahora?

**NINA:** A la ciudad. (Pausa.) ¿Está aquí Irina Nikoláievna?

**TREPLIOV:** Sí... El jueves le telegrafiamos para que viniera; mi tío se sentía mal.

**NINA:** ¿Por qué dice ha besado la tierra por la que he andado? Merecería que me mataran. (Se apoya inclinándose en la mesa). ¡Estoy tan fatigada! Si pudiera descansar... ¡Descansar! (Levanta la cabeza). Soy una gaviota... No es esto. Soy una actriz. ¡Oh, sí! (Oye las risas de Arkádina y Trigorin, escucha con atención. Luego corre hacia la puerta de la izquierda, mira por el agujero de la cerradura). También él está aquí... (Vuelve hacia Trepliov). Oh, sí... No importa... Sí.. . Él no creía en el teatro, se burlaba siempre de mis sueños, y, poco a poco, también yo dejé de creer y perdí el ánimo... Añada a ello los tormentos del amor, los celos, el miedo constante por el niño... Me volví mezquina, insignificante, declamaba de manera absurda... No sabía qué hacer con las manos, no sabía permanecer en escena. No dominaba la voz. Usted no puede comprender lo que se siente cuando uno se da cuenta de que declama muy mal. Soy una gaviota. No, no es esto... ¿Recuerda que mató una gaviota? Casualmente llegó un hombre, la vio y por no tener qué hacer, la sacrificó... Tema para un relato breve... No es esto. .. (Se pasa la mano por la frente.) ¿De qué estaba hablando?... Hablo de teatro...

Ahora ya soy una actriz de verdad, actúo con placer, con entusiasmo, en escena me exalto y me siento magnífica. Y ahora, desde que vivo aquí, pienso y siento que día a día crecen las fuerzas de mi espíritu… Ahora sí, ahora comprendo, Kostia, que en nuestro hacer —da lo mismo que actuemos en escena o que escribamos— lo importante no es la fama, no es el brillo, no es aquello con que yo soñaba, sino saber sufrir. Aprende a llevar tu cruz y a creer. Yo creo y no siento tanto dolor; cuando pienso en mi vocación no tengo miedo a la vida.

**TREPLIOV** (Triste): Usted ha encontrado su camino, sabe a dónde va. En cambio, yo sigo errando en un caos de sueños e imágenes sin saber para qué ni para quién es esto necesario. No tengo fe ni sé cuál es mi verdadera vocación...

**NINA** (Escuchando con atención): Chis... Me voy. Adiós. Cuando sea una gran actriz, venga a verme trabajar. ¿Me lo promete? Ahora... (Le estrecha la mano.) Ya es tarde. Apenas me sostengo de pie... estoy extenuada, tengo hambre ...

**TREPLIOV:** Quédese, le daré de cenar...

**NINA:** No, no... No me acompañe, llegaré sola... El coche me espera cerca... ¿Así, ella le ha traído consigo? Bah, no importa. Cuando vea a Trigorin, no le diga nada... Le amo. Le amo con más fuerza aún que antes... Tema para un relato breve... Le amo, le amo apasionadamente, con desesperación. ¡Qué bello era el pasado, Kostia! ¿Recuerda? Qué vida clara, cálida, gozosa, pura, qué sentimientos, sentimientos parecidos a bellas y delicadas flores. . . ¿Re- cuerda?. . . (Recita). "Los hombres, los leones, las águilas y las perdices, los astados venados, los gansos, las arañas, los callados peces pobladores de las aguas, las estrellas marinas y los seres que no podían ser vistos por el ojo humano, en una palabra, todas las vidas, todas las vidas, todas las vidas, acabado su triste ciclo, se han extinguido... Hace ya miles de siglos que la tierra no lleva en sí ni un ser vivo y esta pobre luna en vano enciende su farol. En el prado ya no se despiertan las grullas con su grito ni se oye el zumbar de los moscardones de mayo entre el follaje de los tilos...". (Abraza con ímpetu a Trepliov y huye por la puerta vidriera).

**TREPLIOV** (Despúes de una pausa): No estaría bien que alguien la viera en el jardín y luego se lo contara a mamá. Esto podría disgustarla...

Durante unos dos minutos rompe, en silencio, todos sus manuscritos y los arroja bajo la mesa; luego abre la puerta de la derecha y sale.

**DORN** (Procurando abrir la puerta de la izquierda): Qué raro, parece que la puerta está cerrada... (Entra y coloca el sillón en su sitio). ¡Carrera de obstáculos!

Entran ARKÁDINA, POLINA ANDRÉIEVNA; tras ellas, YÁKOV con unas botellas y MASHA; luego SHAMRÁIEV Y TRIGORIN.

**ARKÁDINA:** El vino tinto y la cerveza para Boris Alexéievich, póngalos aquí, en la mesa. Jugaremos y beberemos. Tomen asiento, señores.

**POLINA ANDRÉIEVNA** (A Yákov): Sirve el té en seguida. (Enciende las velas, se sienta a la mesa de juego).

**SHAMRÁIEV:** (Conduce a Trigorin hacia el armario): Aquí está la cosa de que le he hablado hace poco... (Saca del armario una gaviota disecada). Lo que usted encargó.

**TRIGORIN** (Mirando la gaviota): ¡No recuerdo! (Después de pensar unos momentos). ¡No lo recuerdo!

Entre bastidores, a la derecha de la escena, se oye un disparo; todos se estremecen.

**ARKÁDINA** (Asustada): ¿Qué es esto?

**DORN:** Nada. Habrá estallado alguna cosa en mi botiquín de viaje. No se inquieten. (Sale por la puerta de la derecha; medio minuto más tarde vuelve). Lo que me suponía: ha estallado una botellita de éter. (Canturrea). "Otra vez estoy ante ti, hechizado...".

**ARKÁDINA** (Se sienta a la mesa): Uf, me había asustado. Esto me ha hecho recordar como... (Se cubre el rostro con las manos). Hasta se me ha enturbiado la vista.

**DORN** (Hojeando la revista, a Trigorin): Hará unos dos meses se publicó en esta revista un artículo… una carta de América, y yo quería preguntarle sobre este particular... (Toma a Trigorin por la cintura y le lleva hasta las candilejas)... Ya que estoy muy interesado por esta cuestión… (En tono más bajo, a media voz). Llévese de aquí, adonde sea, a Irina Nikoláievna. Konstantín Gavrílovich se ha suicidado…

## TELÓN.

# TÍO VANIA

# TÍO VANIA

*(Escenas de la vida en el campo, en Cuatro Actos).*

**PERSONAJES:**

**ALEXANDER VLADIMIROVITCH SEREBRIAKOV:** Profesor retirado.

**ELENA ANDREEVNA:** Su mujer, 27 años.

**SOFÍA ALEXANDROVNA** (Sonia): Su hija de un primer matrimonio.

**MARÍA VASILIEVNA VOINITZKAIA:** Viuda de un consejero secreto y madre de la primera mujer del profesor.

**IVÁN PTROVICH VOINITZKII (Tío Vania):** Su hijo.

**MIJAIL LVOVICH ASTROV:** Médico.

**ILIA ILICH TELEGUIN:** Terrateniente arruinado.

**MARINA:** Vieja nodriza.

**UN PEÓN.**

La acción tiene lugar en la hacienda de Serebriakov.

# ACTO PRIMERO

La escena representa un jardín y parte de la fachada de la casa ante la que se extiende una terraza. En la alameda, bajo un viejo tilo, está dispuesta la mesa del té. Silas, bancos y, sobre uno de e los, una guitarra. Acorta distancia de la mesa, un columpio. Son más de las dos de la tarde. El tiempo es sombrío.

## ESCENA PRIMERA

MARINA, viejecita tranquila, hace calceta sentada junto al "samovar"; ASTROV pasea a su lado por la escena.

**MARINA** (Sirviéndole un vaso de té): Toma, padrecito.

**ASTROV** (Agarra con desgano el vaso): Creo que no me apetece.

**MARINA:** Puede que quieras un poco de vodka.

**ASTROV:** No... No la bebo todos los días... El aire, además, es sofocante. (Pausa). ¡Ama!... ¿Cuánto tiempo hace ya que nos conocemos?

**MARINA** (Cavilando). ¿Cuántos?... ¡Que Dios me dé memoria!... Verás ... Tú viniste aquí, a esta región... ¿cuándo?... Vera Petrovna, la madre de Sonechka, estaba todavía en vida. Por aquel tiempo, antes de que muriera, viniste dos inviernos seguidos..., lo cual quiere decir que hará de esto unos once años. (Después de meditar unos momentos). Y hasta puede que más.

**ASTROV:** ¿He cambiado mucho desde entonces?

**MARINA:** Mucho. Antes eras joven, guapo..., mientras que ahora has envejecido... ¿Y dónde se te ha ido la belleza? También hay que decir que bebes vodka.

**ASTROV:** Sí. En diez años me he vuelto otro hombre. Y ¿por qué causa?... Porque trabajo demasiado, ama... No conozco el descanso, y hasta por la noche, bajo la manta, estoy siempre temiendo que vengan a llamarme para ir a ver a algún enfermo. Desde que nos conocemos no he tenido un día libre, y así..., ¿quién no va a envejecer? Además, la vida de por sí es aburrida, tonta, sucia... Eso también influye mucho. A tu alrededor no ves; más que gentes absurdas, y cuando llevas viviendo con él las dos o tres años, tú mismo, poco a poco y sin darte cuenta, te vas volviendo también absurdo... Es un destino inevitable. (Rizándose los largos bigotes). ¡Qué bigotazo más enorme he echado! ¡Qué bigote más tonto! ¡Me he vuelto absurdo, ama!... Tonto todavía no me he vuelto. ¡Dios es misericordioso! Mis sesos están en su sitio; pero tengo, en cierto modo, atrofiado el sentimiento. No deseo nada, no necesito de nadie y no quiero a nadie. Acaso sólo te quiero a ti. (Le besa la cabeza). Cuando era niño, tuve también un ama como tú.

**MARINA:** Puede que quieras comer algo.

**ASTROV:** No. En la tercera semana de Cuaresma, durante la epidemia, tuve que ir a Malitzkoe... Cuando el tifus exantemático... Alí, en las "isbas", se morían las gentes como moscas... ¡Suciedad..., pestilencia..., humo..., terneros por el suelo, junto a los enfermos!... ¡Hasta cerdos había!... Yo no me senté en todo el día, ni probé bocado; pero, eso sí..., cuando llegué a casa, tampoco me dejaron descansar. Me traían al guardagujas de la estación... Le tendí sobre la mesa para operarle, y se me murió bajo el cloroformo... Pues bien..., entonces..., cuando menos falta hacía, el sentimiento despertó dentro de mí. La conciencia me dolía como si le hubiera matado premeditadamente. Me senté, cerré los ojos..., así..., y pensé: que los que haya de sucedernos dentro de cien o doscientos años, y para los que ahora desbrozamos el camino..., ¿tendrán para nosotros una palabra buena?... ¡No la tendrán, ama!

**MARINA:** La gente no la tendrá; pero Dios, sí.

**ASTROV.** Sí. Gracias... Has hablado muy bien.

# ESCENA II

Entra VOINITKII.

**VOINITZKII** (Ha salido de la casa con aspecto de haber estado durmiendo despúes del almuerzo y, sentándose en el banco, endereza su corbata de petimetre). Bueno... (Pausa.) Bueno...

**ASTROV:** ¿Has dormido bien?

**VOINITZKII:** Muy bien, sí. (Bosteza). Desde que viven aquí el profesor y su mujer..., mi vida se ha salido de su carril. No duermo a las horas en que sería propio hacerlo; en el almuerzo y la comida, como cosas que no me convienen; bebo vinos... ¡Nada de esto es sano!... Antes no disponía de un minuto libre. Sonia y yo trabajábamos mucho; pero ahora es e la sola la que trabaja, mientras yo duermo como, bebo... ¡No está bien, desde luego!

**MARINA** (Moviendo la cabeza). ¡Vaya orden de vida!... ¡El "samovar" esperando desde por la mañana temprano, y el profesor levantándose a las doce!... Antes de venir e los, comíamos, como todo el mundo, a poco de dar las doce; pero, con e los, a las seis pasadas... Luego, por la noche, el profesor se pone a leer y a escribir, y, de repente..., a eso de las dos, un timbrazo ... "¿Qué se le ofrece, padrecito?"... "¡El té!"... Y, por él, tiene una que despertar a la gente..., preparar el "samovar"... ¡Vaya orden de casa!

**ASTROV:** ¿ Piensan quedarse mucho tiempo todavía?

**VOINITZKII** (Silbando). Cien años... El profesor ha decidido establecerse aquí.

**MARINA:** Pues ahora está pasando igual. El "samovar" lleva ya dos horas sobre la mesa, y se los..., de paseo.

**VOINITZKII:** Ahí vienen ya... Ya vienen, no te alteres.

# ESCENA III

Se oyen primero voces y, después, surgiendo del fondo del jardín, entran en escena, de vuelta del paseo, Serebriakov, Elena Andreevna, Sonia y Teleguin.

**SEREBRIAKOV:** ¡Magnífico! ¡Magnífico!... ¡Las viejas son maravillosas!...

**TELEGUIN:** ¡Maravillosas, excelencia!

**SONIA:** Mañana iremos al campo forestal, papá. ¿Quieres?

**VOINITZKII:** ¡Señores! ¡A tomar el té!

**SEREBRIAKOV:** ¡Amigos míos! ¡Sean buenos y mándenme el té al despacho! ¡Hoy tengo todavía que hacer!

**SONIA:** ¡Seguro que te gustará el campo forestal! (Salen Elena Andreevna, Serebriakov y Sonia. Teleguin se acerca a la mesa y se sienta al lado de Marina).

**VOINITZKII:** ¡Con el calor que hace y este aire sofocante, nuestro gran sabio leva abrigo, chanclos, paraguas y guantes!

**ASTROV:** Lo que quiere decir que se cuida.

**VOINITZKII:** ¡Y Qué maravillosa es ella!... ¡Qué maravillosa! ¡En toda mi vida no he visto una mujer más bonita!

**TELEGUIN:** ¡María Timofeevna!... ¡Lo mismo cuando voy por el campo, que cuando me paseo por la fronda de este jardín, o miro a esta mesa..., experimento una inefable beatitud!... ¡El tiempo es maravilloso, los pajarillos cantan y la paz y la concordia reinan entre todos! ¿Qué más se puede desear? (Aceptando un vaso de té). Se lo agradezco con toda el alma.

**VOINITZKII** (Soñando alto): ¡Qué ojos! ¡Qué mujer maravillosa!

**ASTROV:** Cuéntame algo, Iván Petrovich.

**VOINITZKII** (En tono apático). ¿Qué quieres que te cuente?...

**ASTROV:** ¿No ocurre nada nuevo?

**VOINITZKII:** Nada... ¡Todo es viejo! Yo..., igual que antes, o quizá peor, porque me he vuelto perezoso, no hago nada y gruño como un viejo caduco... Mi vieja "maman" balbucea todavía algo sobre "la emancipación femenina", y mientras con un ojo mira a la tumba, con el otro busca, en sus libros doctos, "la aurora de una nueva vida"...

**ASTROV:** ¿Y el profesor?

**VOINITZKII:** El profesor, como siempre, se pasa el día, de la mañana a la noche, sentado, escribe que te escribe... "¡Con la frente fruncida y la mente tersa, escribimos y escribimos odas, sin que para e las ni para nosotros oigamos alabanzas!"... ¡Pobre papel! ¡Mejor haría en escribir su autobiografía!... "Un profesor retirado, viejo mendrugo, enfermo de gota, de reumatismo, de jaqueca y con el hígado inflamado por los celos y la envidia... Este pescado seco reside, a pesar suyo, en la hacienda de su primera mujer —porque su bolsilo no le permite vivir en la ciudad— y se lamenta constantemente de sus desdichas, aunque la realidad sea que es extraordinariamente feliz." ¡Hazte cargo de la cantidad de suerte que tiene!... (Nervioso). Hijo de un simple sacristán, ha subido por los grados de la ciencia y ha alcanzado una cátedra. Es excelencia, ha tenido por suegro un senador, etcétera... No es que importe mucho nada de eso, dicho sea de paso, pero ten en cuenta lo siguiente: este hombre, durante exactamente veinticinco años, escribe sobre arte sin comprender absolutamente nada de arte... Durante veinticinco años exactamente, mastica las ideas ajenas sobre realismo, naturalismo y toda otra serie de tonterías... Durante veinticinco años lee y escribe sobre lo que para la gente instruida hace tiempo es conocido y para los necios no ofrece ningún interés... Lo cual quiere decir que su trabajo ha sido vano... No obstante..., ¡Qué vanidad!, ¡Qué pretensiones!... Retirado, no hay alma viviente que le conozca. Se le ignora completamente. Lo cual quiere decir que durante veinticinco años ha estado ocupando un lugar que no le correspondía... Y fíjate..., cuando anda, su paso es el de un semidiós.

**ASTROV:** Parece enteramente que tienes envidia.

**VOINITZKII:** Tengo envidia, sí... ¡Y qué éxito el suyo con las mujeres! ¡Ni Don Juan supo de un éxito tan rotundo!... Su primera mujer —mi hermana—, criatura maravillosa, tímida, límpida como este cielo azul; noble, generosa, contando con más admiradores que él alumnos..., le quiso como sólo los ángeles pueden querer a otros ángeles tan puros y maravillosos como los... Mi madre, a la que inspira un terror sagrado, continúa adorándole... Su segunda mujer... bonita, inteligente —ahora mismo acaba usted de verla—, se casó con él cuando ya era viejo, entregándole su juventud, su belleza, su libertad y su esplendor... ¿Por qué?... ¿Para qué?

**ASTROV:** ¿Y es fiel al profesor?

**VOINITZKII:** Desgraciadamente, sí.

**ASTROV:** ¿Por qué "desgraciadamente"?...

**VOINITZKII:** Porque esa fidelidad es falsa desde el principio hasta el fin. Le sobra retórica y carece de lógica. Engañar a un viejo marido al que no se puede soportar es inmoral, mientras que el esforzarse en ahogar dentro de sí la pobre juventud y el sentimiento vivo, no lo es.

**TELEGUIN** (Con voz llorosa). ¡Vania! ¡No me gusta oírte hablar así!... ¡El que engaña a la mujer o al marido es un ser infiel!... ¡Capaz también de traicionar a la patria!

**VOINITZKII** (Con enojo). ¡Cierra el grifo!

**TELEGUIN:** ¡Permíteme, Vania!... ¡Mi mujer..., y sin duda por culpa de mi exterior poco atrayente..., se fugó, al día siguiente de la boda, con un hombre a quien quería!... ¡Pues bien..., después de esto, yo seguí cumpliendo con mi deber! ¡Todavía la quiero y le guardo fidelidad!... ¡La ayudo cuanto puedo, y le he hecho entrega de todos mis bienes, para que atienda a la educación de los niñitos que tuvo con aquel hombre a quien quiso! ¡Me faltó la dicha, pero me quedó el orgullo!... ¿Y ella, en cambio?... Su juventud pasó, su belleza —sujeta a las leyes de la naturaleza— acabó marchitándose, y el hombre a quien quería falleció. ¿Qué le ha quedado?

# ESCENA IV

Entran SONIA y ELENA ANDREEVNA. Un poco después, y con un libro entre las manos, MARÍA VASILIEVNA. Ésta, después de sentarse, se pone a leer. Le sirven el té, que bebe sin alzar la vista del libro.

**SONIA** (Al ama, en tono apresurado): ¡Amita! Ahí han venido unos "mujiks". Vete a hablar con e los. Yo me ocuparé del té. (Sirve este. Sale el ama. Elena Andreevna agarra su taza, que bebe sentada en el columpio).

**ASTROV** (A Elena Andreevna). Venía a ver a su marido. Me escribió usted diciéndome que tenía reuma y no sé Qué más cosas, y resulta que está sanísimo...

**ELENA ANDREEVNA:** Ayer, anochecido, se quejaba de dolor en las piernas; pero hoy ya no tiene nada.

**ASTROV:** ¡Y yo recorriendo a toda pisa treinta "verstas"! ¡Qué se le va a hacer! ¡No es la primera vez que ocurre!... ¡Eso sí, como recompensa, me quedaré en su casa, por lo menos, hasta mañana!... ¡Siquiera, dormiré "quantumsatis"!...

**SONIA:** ¡Magnífico! ¡Es tan raro que se quede a dormir! Seguro que no ha comido usted.

**ASTROV:** En efecto, no he comido.

**SONIA:** Pues así comerá con nosotros. Ahora no comemos hasta después de las seis.

(Bebe.) El té está frío.

**TELEGUIN:** Sí, la temperatura del "samovar" ha descendido considerablemente.

**ELENA ANDREEVNA:** No importa, Iván Ivanich. Lo beberemos frío.

**TELEGUIN:** Perdón...; pero no soy Iván Ivanich, sino Ilia Ilich..., Ilia Ilich Teleguin, o —como me laman algunos, por mi cara picada de viruela— Vaflia. En tiempos fui padrino de Sonechka, y su excelencia, su esposo me conoce mucho. Ahora vivo en su casa, en esta hacienda... Si se ha servido usted reparar en ello, todos los días como con ustedes.

**SONIA:** Ilia Ilich es nuestro ayudante..., nuestro brazo derecho. (Con ternura). Traiga, padrinito. Le daré más té.

**MARÍA VASILIEVNA:** ¡Ah!...

**SONIA:** ¿Qué le pasa, abuela?

**MARÍA VASILIEVNA:** He olvidado decir a Alexander —se me va la memoria— que he recibido hoy carta de Jarkov. De Pavel Alekseevich... Enviaba su nuevo artículo.

**ASTROV:** ¿Y es interesante?

**MARÍA VASILIEVNA:** Sí, pero un poco extraño. Se retracta de cuanto hace siete años era el primero en defender. ¡Es terrible!

**VOINITZKI:** No veo lo terrible por ninguna parte. Bébase el té, "maman".

**MAMA VASILIEVNA:** ¡Pero si quiero hablar!

**VOINITZKII:** Desde hace cincuenta años no hacemos más que hablar, hablar y leer artículos. Ya es hora de terminar.

**MARÍA VASILIEVNA:** No sé por qué no te agrada escuchar cuando yo hablo... Perdona, "lean", pero en este último año has cambiado tanto, que no te reconozco. Antes eras un hombre de convicciones definidas... Tenías una personalidad clara.

**VOINITZKII.** ¡Oh, sí!... ¡Tenía una personalidad clara con la que no daba claridad a nadie!... (Pausa.) ¡Tenía una personalidad clara! ¡Imposible emplear ingenio conmigo más venenosamente!... Tengo ahora cuarenta y siete años. Pues bien... ; como usted, hasta el año pasado me apliqué exprofeso a embromar mis ojos con su escolástica, para no ver la verdadera vida, e incluso pensaba que hacía bien... Ahora, en cambio... ¡Si usted supiera!... ¡Mi rabia, mi enojo por haber malgastado el tiempo de modo tan necio, cuando podía haber tenido todo cuanto ahora la vejez rehúsa, me hace pasar las noches en vela!

**SONIA:** ¡Tío Vania! ¡Es aburrido!
**MARÍA VASILIEVNA** (A su hijo).- ¡Parece que echas algo la culpa de eso a tus anteriores convicciones, cuando la culpa no es de ellas, sino tuya! ¡Olvidas que las convicciones por sí solas no son nada!... ¡Nada más que letra muerta! ¡Había que actuar!

**VOINITZKII:** ¡Actuar!... ¡No todo el mundo es capaz de convertirse en un "perpetuum mobile" de la escritura, como su "Herr" profesor!

**MARÍA VASILIEVNA:** ¿Qué quieres decir con eso?

**SONIA (En tono suplicante):** ¡Abuela!... ¡Tío Vania!... ¡Os lo ruego!

**VOINITZKII:** Me callo. Me callo y me someto. (Pausa).

**ELENA ANDREEVNA:** La verdad es que el tiempo hoy está hermoso. No hace ningún calor... (Pausa).

**VOINITZKII:** Un tiempo muy bueno para ahorcarse. (Teleguin afina la guitarra. Marina da vueltas ante la casa, llamando a las gallinas).

**MARINA:** ¡Pitas, pitas, pitas!

**SONIA:** ¡Amita! ¿A Qué venían esos "mujiks"?

**MARINA:** A lo de siempre. Otra vez para lo del campito... ¡Pitas, pitas, pitas!...

**SONIA:** ¿A quién llamas?

**MARINA:** ¡Es que Petruschka se ha escapado con los pollitos!... ¡Pueden robarlos los cuervos! (Sale. Teleguin toca en la guitarra una polca. Todos escuchan en silencio).

# ESCENA V

Entra un mozo de labranza.

**EL MOZO:** ¿Está aquí el señor doctor? (A Astrov). Vienen a buscarle, Mijail Lvovich.

**ASTROV:** ¿De dónde?

**EL MOZO:** De la fábrica.

**ASTROV** (Con enojo). ¡Pues tantas gracias!... ¡Qué se le va a hacer!. (Buscando con los ojos la gorra). Tengo que ir... ¡Qué lástima diablos!

**SONIA:** ¡Qué lástima, verdaderamente!... Cuando esté de vuelta de la fábrica, véngase aquí a comer.

**ASTROV:** Imposible. Será demasiado tarde. Cómo voy a poder... (Al mozo). ¡Oye, amigo! ¡Tráeme una copa de vodka! (Sale el mozo). Cómo voy a poder... (Poniéndose la gorra). En una de sus obras teatrales, Ostrovsky presenta un personaje de largos bigotes y cortas capacidades... Pues bien, ese soy yo... Así es que..., tengo el honor, señores, de saludarles. (A Elena Andreevna). Me proporcionará una sincera alegría si un día va a visitarme con Sofía Alexandroyna. Soy dueño de una pequeña hacienda, que no tendrá arriba de unas treinta "desiatin", pero si le interesa ver un jardín modelo y un invernadero como no lo hay igual en mil "verstas" a la redonda, allí lo encontrará. Tengo junto a mí los viveros del Estado, y, como el guarda forestal es viejo y está siempre enfermo, soy yo, en realidad, el que se ocupa de ellos.

**ELENA ANDREEVNA:** Ya me han dicho que tiene usted gran amor a los bosques. Claro que es mucho el servicio que puede usted prestarles; pero..., ¿acaso e lo no perjudica a su verdadera vocación? ¡Es usted médico!

**ASTROV:** ¡Sólo Dios sabe cuál es nuestra verdadera vocación!

**ELENA ANDREEVNA:** ¿Y resulta interesante?

**ASTROV:** Sí. Es un trabajo interesante.

**VOINITZKII** (Con ironía): ¡Mucho!

**ELENA ANDREEVNA** (A Astrov). Es usted todavía joven. Representa usted tener treinta y seis o treinta y siete años, y la cosa, seguramente, no es tan interesante como dice. ¡Bosques, bosques y bosques siempre!... ¡Se me figura que es muy monótono!

**SONIA:** No... Es muy interesante. Mijail Lvovich, todos los años planta nuevos bosques, y ya ha sido premiado con una meda la de bronce y un diploma. Se preocupa también de que los viejos bosques no se pierdan. Si le oye usted, acabará siendo de su opinión... Dice que los bosques adornan la tierra y enseñan al hombre a penetrar en sus maravillas, inspirándole grandeza de ánimo... Que los bosques dulcifican la severidad del clima y que en los países donde este es más benigno, se consumen menos fuerzas en la lucha con la naturaleza, por lo que el hombre allí es más suave y más tierno. Allí —dice— la gente es bella, flexible, fácil a la sensibilidad. Su lenguaje es fino, sus movimientos gráciles, florecen sus ciencias y su arte; su filosofía no es sombría, y su relación hacia la mujer está impregnada de una gran nobleza.

**VOINITZKII** (Riendo). ¡Bravo, bravo!... ¡Todo eso resulta grato, pero nada conveniente!... Por tanto... (A Astrov.) Permíteme, amigo mío, que continúe encendiendo mis estufas con leña y construyendo mis cobertizos de madera.

**ASTROV:** Podrías encender tus estufas con turba y construir los cobertizos de piedra; pero, bueno..., admito que se corten por necesidad, pero destruirlos... ¿por qué? Los bosques rusos crujen bajo el hacha, parecen millones de árboles, se vacían las moradas de los animales y de los pájaros, los ríos pierden profundidad y se secan; desaparecen, para nunca volver, paisajes maravillosos, y todo porque el hombre, perezoso, carece del sentido que le haría agacharse y extraer de la tierra el combustible. (A Elena Andreevna). ¿No es verdad, señora?... Es preciso ser un bárbaro sin juicio para quemar en la estufa esa belleza... Para destruir lo que nosotros somos incapaces de crear... Si el hombre está dotado de juicio y de fuerza creadora, es para multiplicar lo que le ha sido dado y, sin embargo, hasta ahora, lejos de crear nada, lo que hace es destruir... Cada día es menor y menor el número de bosques... Los ríos se secan, las aves desaparecen, el clima pierde benignidad, y la tierra se empobrece y se afea. (A Voinitzkii). Me miras con ironía, como si todo cuanto estoy diciendo no te pareciera serio... Y puede que, en efecto, sea una chifladura...; pero cuando paso ante bosques de campesinos, a los que he salvado de la tala, cuando oigo el rumor de un joven bosque plantado por mí, reconozco que el clima está algo en mis manos y que si, dentro de mil años, el hombre es feliz, será un poco por causa mía... Cuando planto un pequeño abedul, al que veo después verdear y mecerse con el viento, se me lena el alma de orgullo y... (Viendo avanzar al mozo con la copa de vodka). A todo esto... (Bebe) ya es hora de marcharse. Esto, seguramente, es una chifladura. ¡Tengo el honor de saludaros!... (Se encamina hacia la casa).

**SONIA** (Siguiéndole, le toma del brazo). ¿Cuándo vendrá a vernos?

**ASTROV:** No lo sé.

**SONIA:** ¿Va a estar otro mes sin venir? (Salen Astrov y Sonia. María Vasilievna y Teleguin continúan al lado de la mesa y Elena Andreevna y Voinitzkii se dirigen a la terraza).

**ELENA ANDREEVNA:** ¡Iván Petrovich! ¡Ha vuelto usted a comportarse de un modo imposible! ¿Qué necesidad tenía de excitar a María Vasilievna diciéndole eso del "perpetuum mobile"? ¡Otra vez hoy, durante el almuerzo, empezó usted a discutir con Alexander! ¡Eso no puede ser!

**VOINITZKII:** ¡Pero si le aborrezco!

**ELENA ANDREEVNA:** ¡No hay motivo ninguno para aborrecer a Alexander! ¡Es un hombre como todo el mundo! ¡No es peor que usted!

**VOINITZKII:** ¡Si hubiera usted podido verle el rostro y los movimientos!... ¡Qué pereza tiene de vivir!... ¡Oh, Qué pereza!

**ELENA ANDREEVNA:** ¡Pereza, sí, y aburrimiento!... ¡Todos critican a mi marido! ¡Todos me miran con compasión!... "Qué desgraciada!"... "¡Tiene un marido viejo!"... ¡y, oh, cómo comprendo ese interés por mí!... ¡Todos ustedes —como acaba de decir Astrov—, insensatamente, dejan perecer los bosques, y pronto en la tierra no habrá nada! ¡Pues bien... del mismo modo insensato, labran la pérdida del hombre, y pronto sobre la tierra —gracias a ustedes— no quedará ni fidelidad, ni pureza, ni capacidad de sacrificio! ¿Por Qué no pueden ver con indiferencia a una mujer que no es suya?... ¡Sencillamente porque —tiene razón el doctor— cada uno de ustedes lleva dentro el demonio de la destrucción! ¡No tienen piedad! ni para los bosques, ni para los pájaros, ni para las mujeres, ni el uno para el otro!

**VOINITZKII:** No me gusta esa filosofía. (Pausa).

**ELENA ANDREEVNA:** Ese doctor, por la cara, parece cansado y nervioso. Es una cara interesante la suya. Por lo visto, le gusta a Sonia. Está enamorada de él, y lo comprendo... Durante mi estancia aquí, ya ha venido tres veces; pero, como soy tímida, no he hablado con él una sola, como es debido..., afectuosamente. Me creerá de un carácter avieso... Seguramente usted y yo, Iván Petrovich, somos tan buenos porque los dos somos aburridos y tristes... No me mire de esa manera. No me gusta.

**VOINITZKII:** ¿Y cómo voy a mirarla de otra manera, si la quiero?... ¡Es usted mi dicha, mi vida, mi juventud! ¡Sé que mis probabilidades a una reciprocidad por su parte equivalen a cero; pero no necesito nada!... ¡Permítame tan sólo que la mire, que oiga su voz!...

**ELENA ANDREEVNA:** ¡Cuidado! ¡Pueden oírle! (Se dirige a la casa).

**VOINITZKII** (Siguiéndola): ¡Permítame que le hable de mi amor! ¡No me rechace! ¡Esa será para mí la mayor felicidad!

**ELENA ANDREEVNA:** ¡Es martirizante! (Salen ambos. Teleguin toca a la guitarra una polca. María Vasilievna anota algo en el margen del libro).

## TELÓN.

# ACTO SEGUNDO

Comedor en casa de los SEREBRIAKOV. Es de noche. Se oye el golpeteo del guarda a su paso por el jardín.

## ESCENA PRIMERA

Serebriakov, sentado en una butaca ante la ventana abierta, dormita. Elena Andreevna, a su lado, dormita también.

**SEREBRIAKOV** (Espabilándose). ¿Quién está ahí?... ¿Eres tú, Sonia?

**ELENA ANDREEVNA:** Soy yo.

**SEREBRIAKOV:** ¿Tú, Leonechka?... ¡Qué dolor más insoportable!

**ELENA ANDREEVNA:** Se te ha caído al suelo la manta. (Arropándole la pierna). Voy a cerrar la ventana, Alexander.

**SEREBRIAKOV:** No. Me sofoco. Ahora, al quedarme dormido, soñé que mi pierna izquierda no era mía, y me desperté con un dolor torturante. No...; esto no es gota. Más bien parece reuma... ¿Qué hora es ya?

**ELENA ANDREEVNA:** Las doce y veinte. (Pausa).

**SEREBRIAKOV:** Búscame mañana por la mañana en la biblioteca el libro de Batiuschkov. Me parece que lo tenemos.

**ELENA ANDREEVNA:** ¿Qué?...

**SEREBRIAKOV:** Que me busques por la mañana a Batiuschkov... Creo que lo tenemos... Pero... ¿por qué me dará esta fatiga al respirar?

**ELENA ANDREEVNA:** ¡Estás cansado!... ¡Ya es la segunda noche que no duermes!

**SEREBRIAKOV:** Dicen que a Turgueniev la gota le produjo una angina de pecho. Temo tener yo lo mismo... ¡Maldita y asquerosa vejez!... ¡Que la lleve el diablo!... Al hacerme viejo empecé a sentir asco de mí mismo... ¡También a todos vosotros os dará asco mirarme!

**ELENAANDREEVNA:** Hablas de tu vejez como si los demás tuviéramos la culpa de que seas viejo.

**SEREBRIAKOV:** A ti es a la primera a quien doy asco. (Elena Andreevna se levanta y va a sentarse a alguna distancia). ¡Claro!... ¡Tienes razón!... ¡No soy tonto y lo comprendo! ¡Eres joven, bonita, sana, y quieres vivir, mientras que yo soy un viejo y casi un cadáver!... ¿Acaso no lo comprendo?... ¡Naturalmente; es tonto que continúe vivo; pero... esperen, que ya pronto les libraré a todos!... ¡Ya no falta mucho!

**ELENA ANDREEVNA:** No puedo más... ¡Por el amor de Dios, cállate!

**SEREBRIAKOV:** Ahora resulta que, gracias a mí, nadie puede más... Todos se aburren, pierden la juventud, y sólo yo disfruto de la vida y estoy contento... ¡Claro!

**ELENA ANDREEVNA:** ¡Cállate! ¡Me estás martirizando!

**SEREBRIAKOV:** ¡A todos estoy martirizando!... ¡Claro!

**ELENA ANDREEVNA** (Entre lágrimas). ¡Es insoportable!... Dios... ¿Qué quieres de mí?

**SEREBRIAKOV:** Nada.

**ELENA ANDREEVNA:** Pues cállate ... ; te lo ruego.

**SEREBRIAKOV:** ¡Qué extraño!... Se pone a hablar Iván Petrovich o esa vieja idiota de María Vasilievna y no pasa nada. Se les escucha... ; pero apenas digo yo una palabra, todos empiezan a sentirse desgraciados. ¡Hasta mi voz inspira asco!... Pero, bueno... aún admitiendo que sea asqueroso, egoísta, déspota..., ¿será posible que ni siquiera en la vejez me asista algún derecho al egoísmo?... ¿Será posible que no me lo haya merecido?... ¿Será posible que no pueda aspirar a una vejez tranquila y a la consideración de las gentes?

**ELENA ANDREEVNA:** Nadie discute tus derechos. (El viento golpea en la ventana). Se ha levantado mucho aire y voy a cerrar la ventana. (Cierra ésta). Va a empezar a llover... Nadie discute tus derechos. (Pausa. Se oye el golpeteo del cayado del guarda, que pasa cantando por el jardín).

**SEREBRIAKOV:** ¡Haberse pasado la vida trabajando para la ciencia!... ¡Estar acostumbrado a un despacho, a un auditorio, a compañeros a los que se estima...! y, de pronto, sin más ni más, encontrarse en este panteón!... ¡Ver un día tras otro gente necia, y escuchar conversaciones insulsas!... ¡Quiero vivir! ¡Me gusta el éxito, la celebridad, el ruido; y aquí se está como en el exilio, recordando con tristeza y constantemente el pasado!... ¡Siguiendo los éxitos ajenos y temiendo la muerte!... ¡No puedo!... ¡Me faltan las fuerzas! ¡Y, por añadidura, aquí no quiere perdonárseme la vejez!

**ELENA ANDREEVNA:** Espera... Ten paciencia. Dentro de cinco o seis años, yo también seré vieja.

# ESCENA II

*Entra Sonia.*

**SONIA:** ¡Tú mismo mandas a buscar al doctor, y cuando llega, te niegas a recibirle!... ¡No es muy atento!... ¡Resulta así, que se le ha molestado inútilmente!

**SEREBRIAKOV:** ¿Para Qué necesito yo de tu Astrov?... ¡Entiende tanto de medicina como yo de astronomía!

**SONIA:** ¡No faltaría más sino que hiciéramos venir aquí, para tu gota, a toda la facultad de Medicina!

**SEREBRIAKOV:** Con ese chiflado no quiero ni cruzar palabra.

**SONIA:** A tu gusto. (Se sienta). A mí me da igual.

**SEREBRIAKOV:** ¿Qué hora es?

**ELENA ANDREEVNA:** Las doce pasadas.

**SEREBRIAKOV:** ¡Qué Sofoco!... ¡Sonia!... ¡Tráeme las gotas que están sobre la mesa!

**SONIA:** Ahora mismo. (Se las da).

**SEREBRIAKOV** (Con irritación). ¡Ah! ¡No son éstas! ¡No puede uno pedir nada!

**SONIA:** ¡Por favor, no seas caprichoso! ¡Puede que haya a quien eso le gusta, pero a mí, líbrame de e lo, por favor! ¡No me agrada! Además, no puedo perder tiempo. ¡Mañana por la mañana tengo que levantarme temprano para la siega! (Entra Voinitzkii, envuelto en una bata y con una vela en la mano).

**VOINITZKII:** Me parece que vamos a tener tormenta. (Un relámpago). ¡Ahí está!... "Heléne" y Sonia, váyanse a dormir. He venido a relevarlas.

**SEREBRIAKOV** (asustado). ¡No, no! ... ¡No me dejéis con él!... ¡No! ... ¡Me aturdirá con su conversación.

**VOINITZKII:** ¡Pero es preciso que descansen! ¡Esta es la segunda noche que se pasan en vela!

**SEREBRIAKOV:** ¡Pues que se vayan a dormir, pero tú márchate también!... ¡Gracias!... ¡Te suplico, en nombre de nuestra antigua amistad, que no protestes! ¡Ya habrá tiempo de hablar después!

**VOINITZKII** (Con una ligera sonrisa).- ¡Nuestra antigua amistad!

**SONIA:** ¡Cállate, tío Vania!

**SEREBRIAKOV** (A su mujer). ¡Querida! ¡No me dejes con él! ¡Me aturdirá!

**VOINITZKII:** ¡Hasta resulta cómico! (Entra Marina, con una vela en la mano).

**SONIA:** ¿Qué haces, amita, que no te acuestas? ¡Es muy tarde!

**MARINA:** ¡El "samovar" no se ha retirado todavía de la mesa! ¿Cómo va una a acostarse?

**SEREBRIAKOV:** ¡Nadie duerme aquí, todos están agotados, y yo soy el único que lo pasa bien!

**MARINA** (Con ternura, acercándose a Serebriakov). ¿Qué hay, padrecito? ¿Te duele?... ¡También a mí se me cargan mucho las piernas! (Arreglándole la manta). ¡Esta enfermedad... hace tiempo ya que la tienes!... ¡Me acuerdo de que la difunta Vera Petrovna..., la madre de Conechka..., se pasaba ya las noches en vela!... ¡Cómo te quería! (Pausa). ¡Los viejos son iguales a los niños!... ¡Les gusta que se les mime... pero a los viejos no les mima nadie! (Besa a Serebriakov en el hombro). ¡Vámonos, padrecito, a la cama!... ¡Vámonos, lucero!... ¡Te haré un poco de tila, te calentaré las piernecitas y rezaré a Dios por ti!...

**SEREBRIAKOV** (Conmovido). Vamos, Marina.

**MARINA:** ¡También a mí se me cargan mucho las piernas! (Le conduce, ayudada por Sonia). ¡Vera Petrovna se pasaba las noches en vela..., llorando!... ¡Tú entonces, Soniuschka, eras todavía pequeña... tonta!... ¡Vamos, vamos, padrecito! (Salen Serebriakov, Sonia y Marina).

**ELENA ANDREEVNA:** ¡Me ha dejado agotada! Apenas me sostienen los pies.

**VOINITZKII:** Él a usted, y yo a mí mismo. Ya es la tercera noche que no duermo.

**ELENA ANDREEVNA:** ¡No marchan bien las cosas en esta casa!... Su madre aborrece todo lo que no sean sus artículos y el profesor. Éste, a su vez, está irritado; a mí no me cree y a usted le teme. Sonia se enfada con su padre y hace ya dos semanas que no me habla; usted detesta a mi marido y desprecia abiertamente a su madre, y yo... me excito también..., por lo que hoy habré estado a punto de llorar unas veinte veces... ¡No marchan bien las cosas en esta casa!

**VOINITZKII:** ¡Dejémonos de filosofías!

**ELENA ANDREEVNA:** Usted, Iván Petrovich, es instruido e inteligente, y parece que debería comprender que el mundo no se destruye por el fuego, ni por los bandidos, sino por el odio, la enemistad y toda esta serie de mezquindades... En vez de refunfuñar, lo que tendría que hacer sería reconciliar a unos y a otros...

**VOINITZKII:** ¡Reconcílieme primero conmigo mismo!... ¡Querida mía! (Le besa la mano).

**ELENA ANDREEVNA** (Retirando esta). ¡Déjeme! ¡Váyase!

**VOINITZKII:** ¡Pronto cesará la luvia y todo en la naturaleza adquirirá un nuevo frescor y respirará libremente!... ¡Sólo a mí no me refrescará la tormenta!... ¡De día y de noche me angustia el pensamiento de que mi vida está perdida para siempre!... ¡Mi pasado se consumió inútilmente en puerilidades, y mi presente es de una terrible absurdidad!... ¡Henos aquí, amor y vida míos! ¿Qué hacer con vosotros? ¿Dónde meteros? ¡Mi sentimiento se consume inútilmente, como el rayo de sol dentro de un hoyo, y yo me consumo con él!

**ELENA ANDREEVNA:** Oírle hablar de su amor me produce un..., a modo de embotamiento, y no sé qué decirle... Perdone..., no puedo decir nada. (Intentando marcharse.) Buenas noches.

**VOINITZKII** (Cerrándole el paso): ¡Si supiera usted lo que me hace sufrir el pensar que a mi lado, en esta misma casa, se malogra otra vida..., la suya!... ¿Qué espera usted? ¿Qué maldita filosofía la entorpece? ¡Compréndame! ¡Compréndame!

**ELENA ANDREEVNA** (Mirándole fijamente). ¡Iván Petrovich! ¡Está usted borracho!

**VOINITZKII:** ¡Puede ser!

**ELENA ANDREEVNA:** ¿Dónde está el doctor?

**VOINITZKII:** Ahí dentro. Se queda a pasar la noche conmigo... ¡Puede ser..., puede ser!... ¡Todo puede ser!

**ELENA ANDREEVNA:** ¿ También hoy estuvo bebiendo? ¿Por qué?

**VOINITZKII:** ¡Al menos se parece a vivir! ¡No me lo impida, "Heléne"!

**ELENA ANDREEVNA:** ¡Antes no bebía usted nunca... ni hablaba tanto! ¡Váyase a dormir! ¡Su compañía me aburre!

**VOINITZKII** (Besándole ardientemente la mano). ¡Querida mía! ¡Encanto!

**ELENA ANDREEVNA** (Con enojo): ¡Déjeme! ¡Resulta repugnante! (Sale.)

**VOINITZKII** (Solo). ¡Se fue! (Pausa.) La conocí hace diez años en casa de mi difunta hermana! Tenía e la diecisiete; treinta y siete yo... ¿Por qué no me enamoraría de e la en aquel tiempo y solicitaría ¡su mano?... ¡Hubiera sido tan fácil entonces! ... ¡Ahora sería mi mujer!...

¡Sí!... ¡Ahora la tormenta nos hubiera despertado a ambos! ¡Ella se asustaría de los truenos y yo, sujetándola con mis brazos, le murmuraría:

"¡No temas! ¡Estoy aquí!" ... ¡Oh, pensamientos maravillosos! ... ¡Qué bien me siento!... ¡Hasta río!... ¡Pero, ay, Dios mío!...

¡Las ideas se embrollan en mi cabeza?... ¿Por qué soy viejo?... ¿Por qué no me comprende?... ¡Su retórica, su moral perezosa, sus ideas absurdas sobre la destrucción del mundo..., todo esto me, es profundamente aborrecible! (Pausa.) ¡Oh, qué engaño el mío!...

¡Sentía adoración por este profesor, por este lamentable gotoso!... ¡Trabajé por él como un buey! ¡Entre Sonia y yo exprimimos de esta haciendo el último jugo y comerciamos -como mercaderes- con el aceite, los garbanzos y el requesón! ¡Nos privábamos de comer a nuestra satisfacción para poder convertir los "grosch" y las "kopeikas" en miles de rublos que mandarle!... ¡Orgulloso de su ciencia, sólo vivía y respiraba de él! ¡Todo cuanto decía y escribía se me antojaba genial..., mientras que ahora!... ¡Dios mío!... ¡Le han dado el retiro y su vida puede resumirse así: no sobrevivirá a su muerte ni una sola página de su trabajo! ¡Este es completamente desconocido, nulo! ¡Como una pompa de jabón!... ¡Estoy engañado! ¡Lo veo! ¡Tontamente engañado! (Entra Astrov con la levita puesta, sin chaleco ni corbata, y un tanto alegre. Le sigue Teleguin con una guitarra en la mano.)

**ASTROV:** ¡Toca!

**TELEGUIN:** ¡Pero si duerme todo el mundo!

**ASTROV:** ¡Toca! (Teleguin empieza a tañer suavemente la guitarra. (A Vonitzkii.). ¿Estás solo? ¿No hay señoras? (Con los brazos en jarras se pone a cantar a media voz). "No hay casa, ni estufa, ni donde se pueda acostar el amo"... Me despertó la tormenta. ¡Vaya manera de llover! ¿Qué hora es?

**VOINITZKII:** El diablo lo sabrá!

**ASTROV:** Me pareció oír la voz de Elena Andreevna.

**VOINITZKII:** Acaba de salir de aquí.

**ASTROV:** ¡Qué maravilla de mujer! (Examinando los frascos que hay sobre la mesa). Medicinas... ¡Qué de recetas no habrá aquí... De Jarkov, de Moscú, de Tula... ¡A todas las ciudades ha ido a aburrir con su gota!... ¿Está, en efecto, enfermo o lo finge?

**VOINITZKII:** Está enfermo. (Pausa.)

**ASTROV:** ¿Por Qué tienes hoy esa cara tan triste? ¿Te da, acaso, pena el profesor?

**VOINITZKII:** ¡Déjame!

**ASTROV:** ¡Tal vez estás enamorado de la profesora!

**VOINITZKII:** Es mi "amigo".

**ASTROV:** ¿Ya?

**VOINITZKII:** ¿Qué con ese "ya"?

**ASTROV:** Pues que la mujer no puede legar a ser "amigo" del hombre más que por este orden: primero, camarada; después, amante, y luego..., "amigo".

**VOINITZKII:** ¡Filosofía cínica!

**ASTROV:** ¿Cómo?... Sí... He de reconocer que me estoy volviendo cínico... ¡Ya estás viendo que también estoy borracho!... ¡Por regla general, sólo me emborracho así una vez al mes!... ¡Cuando me encuentro en este estado, mi descaro y mi frescura no conocen límites!

¡Me atrevo con las operaciones más difíciles y las llevo a cabo maravillosamente; trazo los más amplios planes para el futuro y, en tales momentos, lejos de considerarme un chiflado, creo aportar a la Humanidad un beneficio inmenso! ¡Inmenso!... ¡En tales momentos me guío por mi propio sistema filosófico y todos ustedes, hermanos, se me antojan unos insectos, unos microbios!... (A Teleguin.) ¡Vaflia! ¡Toca!

**TELEGUIN:** ¡Amiguito mío! ¡Me gustaría con toda el alma complacerte, pero date cuenta..., toda la casa está durmiendo!

**ASTROV:** ¡Toca! (Teleguin empieza a tocar bajito.) ¡No estaría mal beber un poco! ¡Vamos... Me parece que por ahí ha quedado todavía un poco de coñac! Cuando amanezca, nos iremos a mi casa. ¿Conformes? (Al ver entrar a Sonia.) ¡Perdone!... ¡Me coge sin corbata!... (Sale rápidamente, seguido por Teleguin.)

**SONIA:** ¡Tío Vania!... ¿Otra vez has estado bebiendo con el doctor? ¡Vaya amistad que has hecho! ... ¡Él siempre fue así..., pero tú! ... ¿Por Qué razón, si se puede saber? ... ¡A tus años no está nada bien!

**VOINITZKII:** Los años no tienen aquí nada que ver... Cuando se carece de verdadera vida, se vive de espejismos... ¡Siempre es mejor esto que nada!

**SONIA:** ¡Tenernos cortado el heno..., que esta luvia diaria está pudriendo..., y tú hablando de espejismos!... ¡Has abandonado los asuntos de la hacienda, y yo trabajo sola y estoy agotada! (Asustándose.) ¡Tío!... ¡Tienes los ojos llenos de lágrimas!

**VOINITZKII:** ¡Qué lágrimas ni qué tonterías!... ¿Es que ahora acabas de mirarme como me miraba tu difunta madre!... ¡Querida mía!... (Le besa ansiosamente las manos y la cara). ¡Mi hermana! ¡Mi querida hermana!... ¿Dónde está ahora? ¡Si e la supiera!... ¡Ay, si ella supiera!

**SONIA.-** ¿El qué?... ¿El qué, tío?

**VOINITZKII:** ¡No me encuentro bien! ... ¡No es nada!... ¡Después!... (Sale).

**SONIA** (Golpeando con los nudillos en la puerta). ¡Mijail Lvovich! ¿No está usted dormido? ¡Un minuto nada más!

**ASTROV** (desde el otro lado de la puerta): ¡Ahora mismo! (Entra, esta vez con el chaleco y corbata puestos.) ¿Qué me manda usted?

**SONIA:** ¡Si no le repugna, siga bebiendo; pero le suplico que no deje beber al tío! ¡Le hace daño!

**ASTROV:** De acuerdo. No volveremos a beber más. (Pausa.) Ahora mismo me marcho a mi casa; está decidido. Mientras enganchan los caballos, dará tiempo a que amanezca.

**SONIA:** Llueve mucho. Espere a la mañana.

**ASTROV:** La tormenta pasa de refilón; nos coge sólo de costado... Me marcho y... por favor..., ¡no vuelva a lamarme para que visite a su padre! Le digo que lo que tiene es gota, y él asegura que es reuma; le pido que se eche, y sigue sentado... ¡Hoy, ni siquiera ha querido hablar conmigo!

**SONIA:** ¡Está muy mimado! (Rebuscando en el aparador.) ¿Quiere comer algo?

**ASTROV:** Quizá Sí.

**SONIA:** Me gusta comer por la noche. En el aparador me parece que hay alguna cosa... Dicen que durante toda su vida tuvo gran éxito con las mujeres, y que son ellas las que le mimaron... Tome queso. (De pie, junto al aparador, ambos comen).

**ASTROV:** Hoy, hasta ahora, no había tomado nada. No había hecho más que beber ... Su padre tiene un carácter difícil ... (cogiendo una bote la del aparador). ¿Puedo? (Bebe una copa). Aquí no hay nadie y, por tanto, es posible hablar claramente... ¿Sabe?... ¡Se me figura que yo en su casa no podría vivir ni un mes!... ¡Me ahogaría en esta atmósfera!... ¡Su padre..., sin más idea que su gota y sus libros; su tío Vania, con su murria; su abuela..., y, por último, su madrastra!

**SONIA:** ¿Y qué le pasa a mi madrastra?

**ASTROV:** ¡En el individuo todo tiene que ser maravilloso: el rostro, el vestido, el alma, el pensamiento!... ¡Ella es maravillosa —esto está fuera de toda discusión—; pero... su vida se reduce a comer, a dormir, a encantarnos a todos con su belleza y pare usted de contar! Carece de obligaciones, mientras los demás trabajan para e la... ¿no es así?... Una vida ociosa no puede ser límpida, (Pausa). Tal vez soy excesivamente severo en mis juicios...; quizá porque, como a su tío Vania, mi vida no me satisface..., razón por la que ambos nos hemos hecho gruñones.

**SONIA:** ¿No le satisface su vida?

**ASTROV:** Amo a la vida en general; pero la nuestra, la de la región, la rusa, la cotidiana..., me resulta insoportable y la desprecio con toda mi alma... Por lo que se refiere a la mía propia..., a fe mía que ésta no tiene absolutamente nada de buena... ¿Sabe?... ¡Cuando en medio de una noche cerrada tiene uno que atravesar el bosque y distingue a lo lejos el resplandor de una lucecita..., ya no repara en el cansancio, ni en la oscuridad, ni en que las ramas le pegan en la cara!... Yo trabajo, ya lo sabe usted, como no trabaja nadie en toda la región, y recibo sin cesar golpes del destino... A veces sufro e modo insoportable, pero sin tener a lo lejos lucecita alguna... Ni espero nada para mí de los demás, ni quiero ya a la gente... ¡Hace mucho que no quiero a nadie!...

**SONIA:** ¿A nadie?

**ASTROV:** A nadie. Sólo su ama —y en nombre de viejas memorias— despierta en mí cierta ternura... Los "mujiks" son muy monótonos... No están desarrollados mentalmente, viven entre suciedad, y, en cuanto a los intelectuales... con éstos es difícil mantener la buena armonía... ¡Cansan!... Todos ellos —buenos conocidos nuestros— piensan y sienten mezquinamente; sin ver más a lá de su propia nariz. Son sencillamente necios. Otros más inteligentes, de mayor valor..., son seres histéricos, recomidos por el análisis y los reflejos... Se lamentan, aborrecen, calumnian enfermizamente, abordan de soslayo al hombre y, tras mirarle de reojo, deciden: "¡Oh! ¿Se trata de un psicópata!", o bien: "¡Le gusta hacer frases bonitas!"..., y cuando no saben qué etiqueta estamparte en la frente, dicen: "¡Es un ser extraño! "... Así, pues, mi amor a los bosques es extraño... El que no coma carne lo es también... ¡No son capaces de comprender la relación pura, libre e impulsiva hacia la naturaleza ni hacia las gentes!... ¡No y no! (Hace ademán de disponerse a beber otra copa).

**SONIA** (Impidiéndoselo): ¡No!... ¡Se lo ruego! ¡Se lo suplico..., no beba más!

**ASTROV:** ¿Y por qué?

**SONIA:** No le cuadra nada hacerlo... Es usted fino..., su voz es sumamente dulce... Hasta podría decirle más; de todas las personas que conozco, usted es la única maravillosa. ¿Por qué, entonces, quiere parecerse a esas gentes vulgares que beben y juegan a las cartas?... ¡Oh... ¡No lo haga se lo suplico!... Suele usted decir que los hombres, lejos de crear, no hacen más que destruir lo que les fue dado... ¿Por qué, entonces, se destruye usted a sí mismo... ¡No tiene que hacer eso! ¡Se lo suplico!

**ASTROV** (Tendiéndole la mano). No volveré a beber más.

**SONIA:** Deme su palabra.

**ASTROV:** Palabra de honor.

**SONIA** (Estrechándole fuertemente la mano): Gracias.

**ASTROV:** ¡Basta!... ¡Recobré la sobriedad!... ¿Me ve usted?... ¡Estoy completamente sereno, y así seré estándolo hasta el fin de mis días! (Consultando el reloj). Prosigamos, pues... Como iba diciendo, mi tiempo pasó... Ya es tarde... He envejecido, trabajo con exceso, me he vuelto cínico, tengo atrofiados los sentimientos, y se me figura que ya no podría ligarme por el afecto a otra persona... Ni quiero ni querré a nadie... ¿Por qué, entonces, ejerce todavía la belleza sobre mí tanto poder?... No me siento en absoluto indiferente hacia ella... ¡Se me figura, por ejemplo, que si Elena Andreevna se lo propusiera, en un solo día podría enloquecer mi cabeza!... ¡Claro que eso no es amor..., ni afecto!... (Tapándose los ojos con la mano, se estremece).

**SONIA.** ¿Qué le pasa?

**ASTROV:** Nada. Durante la Cuaresma se me murió un enfermo bajo el cloroformo...

**SONIA:** Pues ya es hora de que lo olvide. (Pausa.) Dígame, Mijail Lvovich... Si yo tuviera una hermana menor y usted —supongamos— supiera que ella le quería... ¿Cuál sería su correspondencia?

**ASTROV** (Encogiéndose de hombros). No lo sé. Seguramente, ninguna... La haría comprender que no podría quererla... Mi cabeza, además, no piensa en semejantes cosas... Pero, bueno..., si he de marcharme, ya es hora de hacerlo. Adiós, almita mía... Si no me voy pronto, la charla se prolongaría hasta la mañana. (Estrechándole la mano). Sí me lo permite, me iré por el salón.

**SONIA** (Sola). ¡No me dijo nada!... Su alma y su corazón están ocultos todavía para mí, y, sin embargo..., ¿por qué me siento tan feliz?... (Ríe con risa dichosa). Le dije: "Es usted fino, noble, y tiene una voz sumamente dulce"... ¿Estaría, acaso, inoportuna?... Tiene una voz vibrante y acariciadora... Ahora mismo la estoy percibiendo aquí, en el aire... Cuando le dije lo de la hermana menor, no me comprendió... (Retorciéndose las manos). ¡Oh, qué terrible ser fea!... ¡Qué terrible!... ¡Porque yo sé que soy fea!... ¡Lo sé y lo sé!... El domingo pasado, saliendo de la iglesia, oí que hablaban de mí, y una mujer dijo: "Es buena y generosa, pero ¡Qué lástima que sea tan fea!"... ¡Fea!... (Entra Elena Andreevna).

**ELENA ANDREEVNA** (Abriendo la ventana). La tormenta pasó. ¡Qué aire tan agradable!... (Pausa). ¿Dónde está el doctor?

**SONIA.** Se fue. (Pausa).

**ELENA ANDREEVNA.** ¡"Sophie"!

**SONIA.** ¿Qué?

**ELENA ANDREEVNA.** ¿Hasta cuándo estará usted enfadada conmigo?... ¡No nos hemos hecho el menor daño la una a la otra!... ¿Por qué, entonces, vivir como enemigas?

**SONIA.** Yo también quería... (Abrazándola). ¡Basta ya de enfados!

**ELENA ANDREEVNA.** ¡Magnífico, entonces! (Ambas están excitadas).

**SONIA.** ¿Se ha acostado ya papá?

**ELENA ANDREEVNA.** No; está sentado en el salón. Hace semanas enteras que no nos hablamos, y sabe Dios por qué... (Viendo abierto el aparador). ¿Qué es eso?

**SONIA:** Mijail Lvovich ha estado cenando ahí.

**ELENA ANDREEVNA:** Veo que también hay vino..., conque vamos a beber a nuestra "brüderschaft".

**SONIA:** ¡Vamos, sí!

**ELENA ANDREEVNA:** ¡Y de la misma copita! (Llenando una). ¡Así es mejor!... De manera que entonces..., ¿de tú?

**SONIA:** De "tú". (Beben y se besan). ¡Hace tiempo que deseaba hacer las paces contigo..., pero me daba vergüenza!... (Llora).

**ELENA ANDREEVNA.** ¿Por qué lloras?

**SONIA:** Por nada.. .

**ELENA ANDREEVNA:** ¡Bueno, bueno..., basta ya!... (Llora a su vez). ¡Qué tonta soy! ¿Pues no loro yo también? (Pausa). Tu enfado conmigo es porque piensas que me he casado con tu padre por cálculo... Si crees en juramentos, te juro que me casé con él por amor. ¡Me atrajo que fuera sabio y célebre!... Aquel amor no era, desde luego, verdadero, sino falso..., artificial..., pero a mí se me figuró verdadero... ¡No soy culpable!... Tú, desde el día mismo de nuestra boda, no cesaste de condenarme con tus ojos inteligentes y suspicaces.

**SONIA:** ¡Pues ahora, paz! ¡Paz! ¡Olvidémoslo todo!

**ELENA ANDREEVNA:** No debes mirar así... No te va bien... Hay que tener fe en los demás; de otro modo, es imposible vivir. (Pausa).

**SONIA.** Dime con franqueza... como a una amiga..., ¿eres feliz?

**ELENA ANDREEVNA:** No.

**SONIA:** Lo sabía... Otra pregunta: dime francamente..., ¿te gustaría tener un marido joven?

**ELENA ANDREEVNA:** ¡Qué niña eres todavía! ¡Claro que me gustaría! (Ríe). Anda, pregúntame algo más... Pregúntame...

**SONIA:** ¿Te gusta el doctor?

**ELENA ANDREEVNA:** Sí, Mucho.

**SONIA** (Riendo): Pongo cara de tonta, ¿verdad?... ¡Se ha marchado y sigo oyendo su voz..., sus pasos... ¡Y cuando miro a la ventana oscura se me representa su cara!... ¡Déjame hablar!... ¡Sólo que no puedo hacerlo en voz alta! ¡Me da vergüenza!... ¡Vamos a mi cuarto! ¡Allí hablaremos! Te parezco tonta, ¿verdad? ¡Confiésalo!... ¡Dime algo de él!

**ELENA ANDREEVNA:** ¿Qué voy a decirte?

**SONIA:** ¡Es tan inteligente! ¡Todo lo sabe! ¡Todo lo puede!... ¡Cura a las gentes y planta bosques!

**ELENA ANDREEVNA:** Lo de menos, querida, son los bosques y la medicina... De lo que tienes que darte cuenta es de que es un talento. Y ¿sabes lo que significa ser un talento?... Significa valor, claridad mental, horizontes amplios... Cuando planta un arbolito, piensa ya en lo que va a ocurrir dentro de mil años... Se le representa ya el bien de la Humanidad... Esta clase de gentes no abunda, y hay que quererlas... Bebe… Es, a veces, un tanto brusco..., pero ¿Qué mal hay en ello?... Un hombre de talento en Rusia no puede ser muy "limpito". Juzga por ti misma: ¿Qué vida es la del doctor?... ¡Vas por los caminos y no sacas los pies del barro!... Luego, heladas, ventiscas, distancias enormes, gente bruta, salvaje; y a tu alrededor, miserias, enfermedades... Para el que trabaja y lucha día tras día en este ambiente, es difícil, a los cuarenta años, conservarse limpio y sobrio. (Besándola). Te deseo de todo corazón la felicidad que mereces ... (Levantándose). ¡En cuanto a mí ... ¡yo soy un ser anodino, un personaje episódico!... ¡Lo mismo en la música, que en la casa de mi marido, que en mis historias de amor —en ninguna parte en una palabra—, pasé de personaje episódico!... ¡En serio, Sonia!... ¡Pensándolo bien, la realidad es que soy muy desgraciada! (Pasea por la estancia, presa de agitación). ¡No hay felicidad para mí en este mundo! ¡No!... ¿De qué te ríes?

**SONIA** (Riendo y ocultando el rostro entre las manos): ¡Me siento tan feliz! ¡Tan feliz!

**ELENA ANDREEVNA:** Me gustaría tocar un poco el piano. De buena gana tocaría ahora algo.

**SONIA** (Abrazándola): ¡Toca, sí! ¡Me es imposible dormir! ¡Toca!

**ELENA ANDREEVNA:** Ahora mismo. Sólo que... tu padre está despierto, y cuando se encuentra mal, la música le excita. Vete a preguntarle y, si no se opone, tocaré. ve.

**SONIA:** Allá, voy. (Sale. Se oyen los golpes que da con su cayado el guarda a su paso por el jardín).

**ELENA ANDREEVNA:** Hace mucho que no toco. Tocaré y lloraré... Lloraré como una tonta... (Asomándose a la ventana.) ¿Eres tú, Efim, el que da esos golpes?

**LA VOZ DEL GUARDA.** Yo soy.

**ELENA ANDREEVNA:-** Pues no haga ruido; el señor no se encuentra bien.

**LA VOZ DEL GUARDA:** Ya me voy. (Silbando a los perros). "¡Juchka!" "¡Malchik"! "¡Juchka"! (Pausa.)

**SONIA** (volviendo a entrar).-¡No puede ser!

# TELÓN.

# ACTO TERCERO

Salón en casa de los SEREBRIAKOV. Tres puertas: una a la derecha, otra a la izquierda y la tercera en el centro. Es de día.

## ESCENA PRIMERA

Voinitzkii, Sonia, sentada, y Elena Andreevna, dando vueltas por el escenario en actitud pensativa.

**VOINITZKII:** El profesor ha manifestado el deseo de que nos reunamos aquí todos, en este salón, hoy a la una. (Consultando el reloj). Ya es menos cuarto... ¡Quiere revelar algo al mundo!

**ELENA ANDREEVNA:** Se tratará, seguramente, de algún asunto.

**VOINITZKII:** ¡Él no tiene asuntos! ¡Se limita a escribir tonterías, a gruñir, a estar celoso, y pare usted de contar!

**SONIA** (En tono de reproche): ¡Tío!...

**VOINITZKII:** ¡Bueno, bueno... (Señalando a Elena Andreevna). ¡Admiradla! ¡Anda, y la pereza la hace tambalearse!... ¡Qué simpático..., qué simpático resulta!

**ELENA ANDREEVNA:** ¡El día entero se lo pasa usted zumba que te zumba!... ¿Cómo no se harta? (Con tristeza). ¡Me muero de aburrimiento!... . ¡No sé qué hacer!

**SONIA** (Encogiéndose de hombros). ¿Es que no hay cosas en qué ocuparse? ¡Todo es cuestión de que quieras hacerlas!...

**ELENA ANDREEVNA:** ¿Qué, por ejemplo?

**SONIA:** Ocuparte de la casa, enseñar a niños, asistir enfermos y una porción de cosas más... Cuando tú y papá no estabais aquí, tío Vania y yo íbamos en persona al mercado a vender la harina.

**ELENA ANDREEVNA:** Eso yo no sé hacerlo y, además, no es interesante. Sólo en las novelas idealistas se enseña a los niños y se asiste a los "mujiks"... ¿Cómo yo..., así sin más ni más, voy a cuidar y a enseñar a nadie?

**SONIA:** Pues yo, en cambio, lo que no comprendo es no ir y no enseñar... Tú espera, que ya adquirirás la costumbre. (Abrazándola). ¡No te aburras, querida! (Riendo). ¡Te aburres y no sabes qué hacer de tu persona..., y el caso es que el aburrimiento, como la ociosidad, son contagiosos!... Mira, tampoco el tío Vania hace más que seguirte corno una sombra; y, en cuanto a mí..., abandono mis asuntos y corro aquí a charlar contigo. ¡Qué perezosa me he vuelto!... El doctor Mijail Lvovich rara vez venía antes a vernos —una vez al mes, a lo sumo— y su visita era difícil de conseguir; pero ahora..., ha dejado a un lado sus bosques y su medicina, y viene todos los días. Seguro que eres una bruja.

**VOINITZKII:** ¿Por qué languidece así? (En tono vivo). ¡Querida mía!. .. ¡Preciosa!... ¡Sea buena!... ¡Por sus venas fluye sangre de ondina! ¡Séalo de verdad!... ¡Permítase la libertad, aunque sólo sea una vez en la vida! ¡Enamórese hasta el cue lo de algún Neptuno y tírese de cabeza al remolino para poder dejarnos al "Herr" profesor y a todos nosotros con la boca abierta!

**ELENA ANDREEVNA** (Con ira). ¡Déjeme en paz!... ¡Resulta cruel! (Se dispone a salir).

**VOINITZKII** (Cerrándole el paso). ¡Bueno, bueno!... ¡Perdóneme, alegría de mi vida! ¡Le pido perdón! (Besándole la mano). ¡Paz!

**ELENA ANDREEVNA.** ¡Debería usted reconocer que incluso a un ángel se le acabaría la paciencia!

**VOINITZKII:** En signo de paz y concordia, voy a traerle un ramo de rosas. Lo preparé esta mañana para usted... ¡Rosas de otoño!... ¡Maravillosas, tristes rosas! ... (Sale).

**SONIA:** ¡Rosas de otoño! ... ¡Maravillosas, tristes rosas! (Ambas fijan la vista en la ventana).

**ELENA ANDREEVNA:** ¡Ya estamos en septiembre! ¡Veremos cómo pasamos aquí el invierno! (Pausa.) ¿Dónde está el doctor?

**SONIA:** En el cuarto de tío Vania. Escribiendo algo... Me alegro de que tío Vania se haya marchado... Tengo que hablar contigo.

**ELENA ANDREEVNA:** ¿De qué?

**SONIA:** ¿De qué?... (Acercándose a ella y reclinando la cabeza sobre su pecho).

**ELENA ANDREEVNA:** ¡Vaya, vaya! ... (Alisándole el cabello.) ¡Vaya!...

**SONIA:** ¡Soy fea!

**ELENA ANDREEVNA:** Tienes un pelo precioso.

**SONIA:** ¡No!... (Volviendo la cabeza para mirarse en el espejo). Cuando una mujer es fea, se le dicen esas cosas: "Tiene usted un pelo precioso"... "Tiene usted unos ojos preciosos"... ¡Hace ya seis años que le quiero!... ¡Le quiero más que a mi padre!... ¡En todo momento oigo su voz, siento la presión de su mano, y si miro a la puerta, me quedo suspensa, pues se me figura que va a entrar!... ¿Ves?... ¡Siempre acudo a ti para hablar de él!... ¡Ahora viene todos los días, pero no me mira..., no me ve! ¡Qué sufrimiento!... ¡No tengo esperanza alguna!... ¡No!... ¡No!... (Con acento desesperado). ¡Dios mío!... ¡Dame fuerzas!... ¡Me he pasado toda la noche rezando!... A veces me acerco a él, le hablo, le miro a los ojos... ¡Ya no tengo orgullo ni dominio sobre mí misma!... ¡Ayer, no pudiendo resistir más, confesé a tío Vania que le quiero!... ¡Todos los criados saben que le quiero! ¡Todos lo saben!

**ELENA ANDREEVNA:** ¿Y él?

**SONIA:** No. Él ni siquiera se fija en mí.

**ELENA ANDREEVNA** (Pensativa). Es un hombre raro... ¿Sabes una cosa?... Vas a permitirme que yo le hable. Lo haré con mucho tiento..., valiéndome de insinuaciones... (Pausa.) En serio: ¿hasta cuándo vamos a vivir, si no, en la ignorancia de esto?... ¡Permítelo! (Sonia hace con la cabeza un signo de asentimiento.) ¡Magnífico, entonces! Si él te quiere o no te quiere, no será tan difícil de averiguar... No te preocupes, palomita... Indagaré con mucha precaución, y ni siquiera se dará cuenta. Lo único que tenemos que saber es si es "sí" o si es "no"... (Pausa.) Y si es "no", no tiene que volver por aquí. (Sonia vuelve a asentir con la cabeza.) ¡No viéndole es más fácil... Lo que no vamos a hacer es dejar el asunto para más tarde. Se lo preguntaremos ahora mismo... Parece ser que tiene intención de enseñarme unos planos delineados por él, conque ve y dile que quiero verle.

**SONIA** (Presa de fuerte agitación). ¿Me contarás toda la verdad?

**ELENA ANDREEVNA.** ¡Claro que sí! Entiendo que la verdad —sea cual sea— nunca es tan temible como la incertidumbre... ¡Confía en mí, palomita!

**SONIA.** ¡Sí, Sí!... ¡Le diré que quieres ver sus planos!... (Se dirige a la puerta; pero, antes de entrar, se detiene un momento). ¡No!... ¡Mejor es la incertidumbre!... ¡Siempre queda al menos la esperanza!...

**ELENA ANDREEVNA:** ¿Qué te pasa?

**SONIA:** Nada. (Sale).

**ELENA ANDREEVNA** (Sola). No hay cosa peor que conocer un secreto ajeno, y no poder servir de ayuda. (Pensativa.) Él no la quiere; eso está claro..., pero ¿por qué no habría de casarse con e la, después de todo?... Es fea; pero para un médico rural y de sus años, sería una mujer maravillosa... ¡Es inteligente y tan buena, además..., tan pura!... No, no es esto lo que... (Pausa). ¡Comprendo a esta pobre chiquilla!... ¡En medio de este atroz a aburrimiento, viendo vagar a su alrededor, en lugar de personas, a unas manchas grises; sin oír más que vulgaridades, ni hacer más que comer, beber, dormir... La aparición de un hombre como él, distinto de los demás, guapo, interesante, atractivo, es igual a cuando de la oscuridad surge una luna clara!... ¡Sucumbir al encanto de un hombre así!... ¡Olvidarse!... Parece enteramente que yo también estoy un poco prendada de él... Sí..., me aburro sin su compañía, y ahora sonrío recordándole... Tío Vania dice que por mis venas corre sangre de ondina... "¡Permítase obrar con libertad, aunque sólo sea una vez en la vida!"... Pues ¿qué?... ¡Tal vez tenga que hacerlo así!... ¡Volar lejos de aquí, libre como el pájaro, alejándome de todos vosotros!... ¡De vuestros rostros soñolientos, de vuestra charla!... ¡Olvidando vuestra existencia en el mundo!... ¡Pero soy cobarde, tímida!... ¡La conciencia me atormentaría!... ¡Adivino por qué él viene aquí todos los días, y ya me siento culpable!... ¡Estoy dispuesta a caer de rodillas ante Sonia, a pedirle perdón y a llorar!...

**ASTROV** (Entrando con un cartograma en la mano). Buenos días. (Le estrecha la mano.) ¿Quería usted ver mis dibujos?

**ELENA ANDREEVNA:** Ayer me prometió enseñarme el trabajo que estaba haciendo. ¿Dispone de tiempo libre?

**ASTROV:** ¡Oh, ciertamente! (Extendiendo sobre la mesa el cartograma y fijándolo con chinches.) ¿Dónde nació usted?
**ELENA ANDREEVNA** (Ayudándole). En Petersburgo.

**ASTROV.** ¿Y dónde hizo sus estudios?

**ELENA ANDREEVNA:** En el Conservatorio.

**ASTROV:** Esto quizá no sea interesante para usted.

**ELENA ANDREEVNA:** ¿Por qué?... Verdad que no conozco mucho el campo, pero he leído tanto sobre él...

**ASTROV:** En esta casa tengo instalada mi mesa, en la habitación de Iván Petrovich. Cuando estoy muy cansado..., embobado..., lo dejo todo y corro aquí, donde me entretengo con esto alguna que otra hora. Mientras Iván Petrovich y Sonia hacen chasquear el "ábaco", yo me siento a su lado, ante mi mesa, y me pongo a embadurnar... El grillo canta y me encuentro muy agradablemente, muy tranquilo... ¡Sólo que este gusto no puedo dármelo a menudo!... ¡A lo sumo, una vez al mes! (Mostrándole el cartograma). Ahora, mire esto. Es el cuadro que presentaba nuestra región hace cincuenta años... El color verde —en oscuro y claro— representa el bosque y viene a cubrir la mitad de la superficie... Aquí, por este verde donde hay una red roja, había arces, cabras..., y, en fin....,la fauna y la flora. Este lago estaba lleno de cisnes, gansos, patos, y había aves -como dicen los viejos- para tomar y dejar. Volaban de las aldeas y de las aldehuelas; de toda una serie de pequeñas granjas, hermitas, molinos hidráulicos... Había mucho ganado astado, como también caba los. Eso lo indica el azul celeste. En este cantón, por ejemplo, donde el color se intensifica, abundaban las yeguadas: tres caballos por casa. (Pausa). Ahora, mire más abajo. Esto es lo que existía hace veinticinco años. Aquí, el bosque cubre solamente una tercera parte de la superficie. Ya no quedan cabras, pero sí arces. Como ve, los colores verde y azul cielo van palideciendo, y así, etcétera... Pasemos ahora a la tercera parte: al cuadro que presenta nuestra región en la actualidad. El color verde ya no es una cosa unida, sino que, por aquí y por allá, presenta algunas manchas, y los arces, los cisnes y los gallos han desaparecido... De las pequeñas granjas, santuarios, molinos, no queda ni rastro. El cuadro, por tanto, presenta, en general, una paulatina pero real degeneración, a la que faltarán seguramente unos diez o quince años para ser completa. Me dirá usted que esto es influencia de la cultura, ya que la vieja vida ha de ceder el sitio a la nueva. Lo comprendo, sí..., pero sólo en el caso de que, en lugar de estos bosques exterminados, existieran carreteras, ferrocarriles... Si hubiera fábricas, escuelas... Si la gente estuviera más sana, fuera más rica y más inteligente... Pero aquí no ocurre nada parecido. En la región siguen subsistiendo los mismos pantanos, los mismos mosquitos... Sigue habiendo la misma falta de caminos y hay, como antes, pobreza, tifus, difteria, incendios... Se trata, pues, de un caso de degeneración causado Por una lucha por la existencia superior a las fuerzas. Degeneración por inercia, por ignorancia por inconsciencia... El hombre enfermo, hambriento y con frío, para salvar los restos de su vida, para salvar a sus hijos, se ase instintivamente a cuánto puede ayudarle a calmar el hambre, a calentarse, y lo destruye todo sin pensar en el día de mañana... Ya ha sido destruida casi la totalidad, y en su lugar aún no se ha creado nada. (Con frialdad). Leo en su cara que esto no le interesa.

**ELENA ANDREEVNA**: ¡Es que entiendo tan poco de e lo!...

**ASTROV**: No hay nada que entender. Lo que pasa es que, sencillamente, no es interesante.

**ELENA ANDREEVNA**: Si he de serle franca, le diré que tengo el pensamiento tan ocupado con otra cosa... Perdóneme..., pero he de someterle a un pequeño interrogatorio... Me siento tan azorada, que no sé cómo empezar...

**ASTROV**: ¿A un interrogatorio?

**ELENA ANDREEVNA**: A un interrogatorio, sí... Sólo que bastante inocente. Sentémonos. (Ambos se sientan). Se trata de un joven personaje. Hablaremos como hablan las personas honradas, como amigos, sin rodeos. Hablaremos y olvidaremos después lo que hemos hablado.

**ASTROV:** De acuerdo.

**ELENA ANDREEVNA:** Se trata de mi hijastra Sonia. ¿Le agrada?

**ASTROV:** Sí. Siento gran estimación por ella.

**ELENA ANDREEVNA:** Y ¿Como mujer..., le gusta?

**ASTROV** (Sin contestar inmediatamente). No.

**ELENA ANDREEVNA:** Dos o tres palabras más, y hemos terminado: ¿no ha reparado usted en nada?

**ASTROV:** En nada.

**ELENA ANDREEVNA** (Cogiéndole una mano). No la quiere usted. Lo leo en sus ojos. Ella sufre... Compréndalo, y deje de venir por aquí.

**ASTROV:** Mis años pasaron ya... Además no tengo tiempo. (Encogiéndose de hombros). ¿Qué tiempo es el mío? (Parece azorado).

**ELENA ANDREEVNA:** ¡Ah, qué desagradable conversación!... Estoy tan agitada como si hubiera llevado sobre los hombros una carga de mil "puds"... Bueno. Gracias a Dios, ya hemos terminado. ¡Olvidémoslo todo— como si no hubiéramos hablado— y márchese!... Es usted un hombre inteligente, y comprenderá... (Pausa). ¡Hasta me he puesto toda colorada!

**ASTROV:** Si hace unos dos meses me hubiera dicho eso. .., quizá lo hubiera pensado, pero ahora... (Encogiéndose de hombros). ¡Claro que si e la sufre..., entonces!... Lo único que no comprendo es esto: ¿Qué necesidad tenía usted de interrogarme? (Mirándola a los ojos y amenazándola con el dedo). ¡Es usted taimada!

**ELENA ANDREEVNA:** ¿Qué quiere decir con eso?

**ASTROV** (Riendo): ¡Taimada!... Supongamos que, en efecto, Sonia sufre, cosa que estoy dispuesto a admitir. ¿Qué objeto tiene su interrogatorio? (Impidiéndole hablar y avivando el tono). ¡No ponga cara de asombro! ¡Usted sabe muy bien por qué vengo aquí todos los días! ¡Por qué y para quién vengo, es algo que conoce usted perfectamente!... ¡Rapiñadora querida..., no me mire de ese modo! ¡Soy gorrión viejo!

**ELENA ANDREEVNA** (Asombrada). ¿Rapiñadora?... ¡No comprendo en absoluto!

**ASTROV:** ¡Lindo beso! ¡Necesita víctimas... ¡Heme ya aquí hace un mes sin trabajar, habiéndolo abandonado todo!... ¡Eso le gusta a usted sobremanera!... Pero bien. .. Estoy vencido... Es cosa que sabía de antemano, sin necesidad de interrogatorio. (Cruzando los brazos sobre el pecho y bajando la cabeza). Me rindo. ¡Tome! ¡Cómame!

**ELENA ANDREEVNA:** ¿Se ha vuelto usted loco?

**ASTROV** (Entre dientes, riendo). Es tímida.

**ELENA ANDREEVNA:** ¡Oh!... ¡Sepa que soy mejor y estoy más alta de lo que usted me cree, ¡Se lo juro! (Intenta marcharse.)

**ASTROV** (Cerrándole el paso). Hoy mismo me marcharé. No volveré a frecuentar esta casa, pero... (Cogiéndole una mano y mirando a su alrededor). ¿Dónde nos veremos?... Conteste pronto: ¿dónde?... Puede entrar alguien. (Apasionadamente). ¡Es usted maravillosa! ¡Un beso! ¡Tan sólo besar su cabe lo perfumado!

**ELENA ANDREEVNA:** Le juro...

**ASTROV** (Sin dejarla hablar). ¿Para qué jurar? ¡No se debe jurar!... ¡No hacen falta tampoco las palabras superfluas!... ¡Oh, qué linda es usted! ¡Qué manos las suyas! (Se las besa).

**ELENA ANDREEVNA:** ¡Basta y ... ¡Márchese! (Retirando sus manos). ¡No sabe lo que dice!

**ASTROV:** ¡Dígame... dígame dónde nos encontraremos mañana! (Le rodea el talle con el brazo). ¡Es inevitable! ¡Tenemos que vernos! (La besa en el preciso momento en que Voinitzkii, que entra con un ramo de rosas en la mano, se detiene ante la puerta).

**ELENA ANDREEVNA** (Sin advertir la presencia de Voinitzkii). ¡Tenga piedad! ¡Déjeme! (Reclinando la cabeza sobre el pecho de Astrov.) ¡No!... (Intenta marcharse).

**ASTROV** (Reteniéndola). ¿Vendrás mañana al campo forestal, sobre las dos?... ¿Sí?... ¿Vendrás?

**ELENA ANDREEVNA** (Reparando en Voinitzkii). ¡Suélteme! (Presa de fuerte turbación, se dirige a la ventana). ¡Oh, qué terrible!

**VOINITZKII** (Tras depositar el ramo sobre una silla y pasándose nerviosamente el pañuelo por la cara y el cuello). No importa... No... No importa...

**ASTROV** (Tratando de hablar en tono natural). ¡Estimado Iván Petrovich!... ¡El tiempo hoy está bastante hermoso!... ¡Por la mañana había un cielo gris..., como si fuera a llover..., pero ahora ha salido el sol! ¡Dicho sea con franqueza: el otoño es una estación maravillosa y su sementera, bastante buena! (Enrollando el cartograma, en forma de tubo.) ¡Sólo que los días son más cortos!... (Sale).

**ELENA ANDREEVNA** (Avanzando rápidamente hacia Voinitzkii.) ¡Empleará usted toda su influencia para que mi marido y yo nos marchemos de aquí hoy mismo! ¿Lo oye? ¡Hoy mismo!

**VOINITZKII** (Enjugándose el rostro). ¿Qué?... ¡Ah, sí!... Bien ... ¡"Heléne"! ¡Lo he visto todo! ... ¡Todo!

**ELENA ANDREEVNA** (Nerviosa).- ¿Lo oye? ¡Es preciso que me marche hoy mismo!

## ESCENA II

Entran Serebriakov, Sonia, Teleguin y Marina.

**TELEGUIN:** Yo tampoco, excelencia, me encuentro del todo bien... Ya hace dos días que estoy algo pachucho... La cabeza...

**SEREBRIAKOV:** ¿Dónde están los demás?... ¡No me gusta esta casa! ¡Es un laberinto! ¡Con veintiséis enormes habitaciones, cuando la gente se desparrama por e las, no hay manera de encontrar a nadie! (Oprimiendo el timbre con el dedo). ¡Ruegue a María Vasilievna y a Elena Andreevna que vengan aquí.

**ELENA ANDREEVNA:** Yo estoy aquí ya. SEREBRIAKOV.- Tengan la bondad, señores, de sentarse.

**SONIA** (Acercándose, impaciente, a Elena Andreevna). ¿Qué dijo?

**ELENA ANDREEVNA:** Después ...

**SONIA:** ¿Estás temblando?... ¿Estás excitada?... (Escudriñándole el rostro). ¡Comprendo!... Dijo que no volvería más por aquí..., ¿verdad?... (Pausa). ¡Dime! ¿Verdad que es eso? (Elena Andreevna hace con la cabeza un signo afirmativo).

**SEREBRIAKOV** (A Teleguin). ¡Todavía con la enfermedad puede uno reconciliarse, pero lo que no puedo soportar es el régimen de la vida en el campo! ¡Tengo la impresión de haber caído de otro planeta!... ¡Siéntense, señores! ¡Se los ruego! (Sonia, sin oírle, permanece de pie, con la cabeza tristemente bajada). ¡Sonia! (Pausa). ¿No me oyes? (A Marina). ¡Tú también, ama, siéntate! (Esta, sentándose, empieza a hacer calceta). ¡Se lo ruego, señores! ¡Sean todo oídos!

**VOINITZKII** (Nervioso). Tal vez no sea necesaria mi presencia... ¿Puedo marcharme?

**SEREBRIAKOV:** No. Tu presencia es todavía más necesaria que la de los demás.

**VOINITZKII:** ¿Qué desea usted?

**SEREBRIAKOV:** ¿Usted?... ¿Estás enfadado? (Pausa). Si en algo soy culpable contigo, perdóname, por favor...

**VOINITZKII:** ¡Deja ese tono y vamos al grano! ¿Qué necesitas?

### ESCENA III

Entra María Vasilievna.

**SEREBRIAKOV:** Aquí tenemos también a "maman". Empiezo a hablar. (Pausa). Les he invitado, señores, a venir aquí con el fin de comunicarles que viene el inspector... Pero, bueno... Dejemos a un lado las bromas; el asunto es serio. Les he reunido con el fin de solicitar su ayuda y consejo..., cosas ambas que, conocida su proverbial amabilidad, espero recibir. Soy hombre de ciencia, de libros... y, por tanto, me mantuve siempre ajeno a la vida práctica. No me es posible, pues, prescindir de las indicaciones de gente ducha en la materia..., por lo que te ruego, Iván Petrovich, y ruego a ustedes, Ilia Ilich y "maman"... Es el caso que "manet omnis una nox"..., o sea, que todos dependemos de la providencia de Dios... Yo soy ya viejo y estoy enfermo..., por lo que considero llegada la hora de ordenar mis bienes en cuanto éstos se relacionan con mi familia. No pienso en mí. Mi vida acabó ya, pero tengo una mujer joven y una hija. (Pausa). Seguir viviendo en el campo es imposible. No estamos hechos para el campo. Ahora bien..., vivir en la ciudad, con los ingresos que produce esta finca, tampoco es posible. Suponiendo, por ejemplo, que vendiéramos el bosque, esta sería una de esas medidas extraordinarias que no pueden tomarse todos los años... Es preciso, por tanto, encontrar un medio que nos garantizará una cifra de renta fija más o menos segura. Así, pues, habiéndoseme ocurrido cuál podría ser uno de esos medios, tengo el honor de someterlo a su juicio... Pasando por alto los detalles, les explicaré mi idea en sus rasgos generales... Nuestra hacienda no rinde, por término medio, más del dos por ciento de renta. Propongo venderla... Si el dinero obtenido con su venta fuera invertido en papel del Estado, podríamos obtener de un cuatro a un cinco por ciento e incluso creo que podría conseguirse algún "plus" de varios milones de rublos, que nos permitirían comprar una "dacha" en Finlandia.

VOINITZKII: ¡Espera!... ¡Me parece que el oído me engaña! ¡Repite lo que has dicho!

SEREBRIAKOV: He dicho que se coloque el dinero en papel del Estado, y que con el "plus" restante se compre una "dacha" en Finlandia.

VOINITZKII: No hablamos ahora de Finlandia. Dijiste algo más.

SEREBRIAK0V: Propongo vender la hacienda.

VOINITZKII: ¡Justo!... ¡Vender la hacienda!... ¡Magnífico! ¡Una idea maravilosa!... Y ¿dónde dispones que me meta yo con mi vieja madre y con Sonia?

SEREBRIAKOV: ¡Eso ya se pensaría a su tiempo! ¡No puede hacerse todo de una vez!

VOINITZKII: ¡Espera!... ¡Por lo visto, hasta ahora no he tenido ni una gota de sentido común!... ¡Hasta ahora he incurrido en la insensatez de pensar que esta hacienda pertenecía a Sonia!... ¡Mi difunto padre la compró para dársela como dote a mi hermana!... ¡Hasta ahora he sido tan ingenuo, que no entendía nada de leyes y pensaba que la hacienda, a la muerte de mi hermana, la heredaría Sonia!

**SEREBRIAKOV:** En efecto, la hacienda pertenece a Sonia. ¿Quién discute eso?... Sin el consentimiento de e la no me decidiré nunca a venderla... Además, si propongo hacerlo es por su propio bien.

**VOINITZKII:** ¡Increíble! ¡Increíble! ¡O me he vuelto loco o... o... !

**MARÍA VASILIEVNA:** ¡"Jean"!... No leves la contraria al profesor... Créeme, él sabe mejor lo que es bueno y lo que es malo.

**VOINITZKII.** ¡No!... ¡Deme agua! (Bebe). ¡Decid lo que queráis! ¡Lo que queráis!

**SEREBRIAKOV:** No comprendo por qué te excitas así... Yo no digo que mi proyecto sea el ideal; si todos lo encontraran mal, no pienso insistir. (Pausa).

**TELEGUIN** (Azorado). Yo, excelencia..., tengo hacia la ciencia no sólo veneración, sino hasta un sentimiento como... de pariente... El hermano de la mujer de Grigor i Ilich —mi hermano— conoció a Konstantín Trofimovich Lakedemonov, el magistrado...

**VOINITZKII:** ¡Espera, Vaflia!... ¡Estamos tratando de un asunto! ¡Espera!... ¡Después!... (A Serebriakov). ¡Pregúntale a él! Esta hacienda le fue comprada a tu tío!

**SEREBRIAKOV:** ¡Ah! ¡Qué tengo que preguntarle! ¿Para qué?...

**VOINITZKII:** ¡En aquel tiempo la hacienda se compró en noventa y cinco mil rublos, de los cuales mi padre pagó solamente setenta mil, quedando, por tanto, con una deuda de veinticinco mil!... ¡Ahora escuchen!... ¡Esta hacienda no hubiera podido comprarse si yo no hubiera renunciado a mi parte de herencia en favor de mi hermana, a la que quería mucho! ¡Por si fuera poco, durante diez años trabajé como un buey hasta conseguir pagar toda la deuda!

**SEREBRIAKOV:** Lamentó haber entablado esta conversación.

**VOINITZKII:** ¡Si ahora la hacienda está limpia de deudas y va bien, es gracias solamente a mi esfuerzo personal..., y he aquí que, de pronto, cuando soy viejo, pretenden echarme de e la!

**SEREBRIAKOV:** No comprendo adónde vas a parar.

**VOINITZKII:** ¡He dirigido esta hacienda durante veinticinco años, enviándole dinero como el más concienzudo administrador, y por todo ello, ni una sola vez durante ese tiempo me has dado las gracias! ¡Siempre —lo mismo ahora que en mi juventud— el sueldo que he recibido de ti no ha pasado de quinientos rublos anuales! ¡Mísera suma que nunca pensaste en aumentar ni en un rublo!

**SEREBRIAKOV:** ¿Pero cómo podía yo saber eso, Iván Petrovich? ¡No soy hombre práctico y no entiendo, por tanto, de nada! ¡Tú mismo podías habértelo subido cuanto quisieras!

**VOINITZKII:** ¿Por qué no robé? ¿Por qué no me desprecian todos ustedes por no haberlo hecho?... ¡Hubiera sido justo y ahora no sería yo pobre!

**MARÍA VASILIEVNA** (En tono severo). "¡Jean!".

**TELEGUIN** (Nervioso). ¡Vania! ¡Amigo mío!... ¡No hay que...! ¡No hay que...! ¡Estoy temblando! ¿Por qué alterar la buena armonía? (Besándole.) ¡No hay que...!

**VOINITZKII:** ¡Durante veinticinco años, con mi padre, viví entre cuatro paredes como un topo!... ¡Todos nuestros pensamientos y sentimientos eran para ti solo! ¡De día hablábamos de ti, de tus trabajos!... Nos enorgullecíamos de ti, pronunciábamos tu nombre con veneración, y perdíamos las noches con la lectura de esos libros y revistas que ahora tan profundamente desprecio!

**TELEGUIN.** ¡Vania! ¡No hay que...! ¡No puedo!

**SEREBRIAKOV** (Con ira). ¡No entiendo! ¿Qué es lo que quieres?

**VOINITZKII:** ¡Eras para nosotros un ser superior y nos sabíamos tus artículos de memoria!... ¡Pero ahora se han abierto mis ojos!... ¡Todo lo veo!... ¡Escribes sobre arte y no entiendes una palabra! ¡Todos tus trabajos, que tan amados me eran, no valen ni un "grosch"! ¡Nos engañábamos!

**SEREBRIAKOV:** ¡Señores! ¡Llévenselo de una vez de aquí! ¡Yo me voy!

**ELENA ANDREEVNA:** ¡Iván Petrovich! ¡Le exijo que se calle! ¿Me oye?

**VOINITZKII:** ¡No me callaré! (Cerrando el paso a Serebriakov.) ¡Espera!... ¡No he terminado todavía! ¡Tú fuiste el que malogró mi vida! ¡No he vivido! ¡No he vivido!... ¡Por tu culpa perdí mis mejores años! ¡Eres mi peor enemigo!

**TELEGUIN:** ¡No puedo! ¡No puedo!... ¡Me marcho! (Sale, preso de fuerte agitación).

**SEREBRIAKOV:** ¿Qué quieres de mí? ¿Qué derecho, Qué derecho tienes para hablarme de ese modo?... ¡Lo que eres es una nulidad! ¡Sí la hacienda es tuya, quédate con e la! ¡No la necesito!

**ELENA ANDREEVNA:** ¡Ahora mismo me marcho de este infierno! (Con un grito). ¡No puedo resistir más!

**VOINITZKII**: ¡Mi vida está deshecha! ¡Tengo talento, inteligencia, valor!... ¡Si hubiera vivido normalmente, de mí pudiera haber salido un Dostoievski, un Schopenhauer!... ¡No sé lo que digo!... ¡Me vuelvo loco! ¡Estoy desesperado!... ¡Madrecita!...

**MARÍA VASILIEVNA (En tono severo):** ¡Obedece a Alexander!

**SONIA** (Arrodillándose ante el ama y estrechándose contra ella). ¡Amita!... ¡Amita!...

**VOINITZKII:** ¡Madrecita!... ¿Qué debo hacer?... ¡No me lo diga! ¡Ya sé lo que tengo que hacer! (A Serebriakov). ¡Te acordarás de mí! (Sale por la puerta del centro. María Vasilievna le sigue).

**SEREBRIAKOV:** ¡Pero, bueno!... ¿Qué es esto, en resumidas cuentas?... ¡Libradme de ese loco! ¡No puedo vivir bajo el mismo techo que él!... ¡Duerme ahí... (Señalando la puerta del centro), casi a mi lado!... ¡Que se traslade a la aldea o al pabellón!... ¡Si no, yo seré el que se vaya allí, porque quedarme junto a él, en la misma casa, me es imposible!

**ELENA ANDREEVNA** (A su marido). ¡Hoy mismo nos marcharemos de aquí!... ¡Es indispensable dar órdenes inmediatamente!

**SEREBRIAKOV:** ¡Qué nulidad de hombre!

**SONIA** (A su padre, siempre de rodillas, muy nerviosa y entre lágrimas) . ¡Hay que tener misericordia, papá! ¡Tío Vania y yo somos tan desgraciados! (Conteniendo su desesperación.) ¡Hay que tener misericordia!... ¡Acuérdate de cuando eras joven y tío Vania y la abuela se pasaban las noches traduciendo para ti libros... copiando papeles!... ¡Todas las noches! ¡Todas las noches!... ¡Tío Vania y yo hemos trabajado sin descanso, con temor a gasta en nosotros mismos una "kopeika" para poder mandártelo todo a ti!... ¡No hemos comido gratis nuestro pan!... ¡No es eso lo que quiero decir! ¡No es eso..., pero tú tienes que comprender, papá!... ¡Hay que tener misericordia!

**ELENA ANDREEVNA:** (Nerviosamente a su marido).- ¡Alexander!... ¡Por el amor de Dios!... ¡Ten una explicación con él! ¡Te lo suplico!

**SEREBRIAKOV:** Bien. Nos explicaremos... Sin culparte de nada ni enfadarme, coincidirán ustedes conmigo en que su comportamiento es por lo menos extraño... Pero, bueno..., voy a verle. (Sale por la puerta del centro).

**ELENA ANDREEVNA:** ¡Trátale con más blandura! ¡Cálmate! (Sale tras él).

**SONIA** (Estrechándose contra el ama): ¡Amita!... ¡Amita!...

**MARINA:** ¡Nada, nada..., nenita!... ¡Déjalos que cacareen como los gansos, que ya se callarán!

**SONIA** ¡Amita!

**MARINA** (Acariciándole la cabeza). - ¡Tiemblas como si estuviera helando!... Bueno, bueno, huerfanita... Dios es misericordioso... Voy a hacerte una infusión de tila o de frambuesa y se te pasará... ¡No te aflijas, huerfanita!... (Fijando con enojo la mirada en la puerta del centro). ¡Vaya nerviosos que se han puesto los muy gansos! ¡A paseo con e los! (Detrás del escenario suena un disparo, oyéndose después el grito lanzado por Elena Andreevna. Sonia se estremece).

**SONIA:** ¡Vaya!

**SEREBRIAKOV** (Entrando corriendo y tambaleándose de susto). ¡Sujetadlo! ¡Sujetadlo! ¡Se ha vuelto loco!

## ESCENA IV

Elena Andreevna y Voinitzk i aparecen forcejeando en la puerta.

**Telón.**

**ELENA ANDREEVNA** (Luchando por arrebatarle la pistola). ¡Entréguemela! ¡Entréguemela le digo!

**VOINITZKII:** ¡Déjeme, "Heléne"! ¡Déjeme! (Logrando soltarse de ella, entra precipitadamente y busca con los ojos a Serebriakov). ¿Dónde está? ¡Ah! ¡Está aquí! (Apuntándole y disparando). ¡Pum!... (Pausa). ¿No le he dado? ¿Me falló otra vez el tiro? (Con ira). ¡Ah diablos! ¡Diablos!... (Golpea con la pistola sobre la mesa y se deja caer, agotado, en una silla. Serebriakov parece aturdido y Elena Andreevna, presa de un mareo, se apoya contra la pared).

**ELENA ANDREEVNA:** ¡Llévenme de aquí ¡Llévenme!... ¡Mátenme, pero no puedo quedarme un instante más! ¡No puedo!

**VOINITZKII** (Con desesperación). ¡Oh! ¿Qué estoy haciendo? ¿Qué estoy haciendo?...

**SONIA** (En voz baja). ¡Amita! ¡Amita!...

**Telón.**

# ACTO CUARTO

Habitación de Iván Petrovich: su dormitorio y, a la vez, su despacho en la hacienda. Junto a la ventana hay una gran mesa, cubierta de libros de contabilidad y papeles de todas clases; una mesita, escritorio, armarios y balanzas. Otra pequeña mesa utilizada por Astrov aparece lena de instrumentos de dibujo y pinturas. A su lado, una carpeta, una jaula con un chorlito y, colgando de la pared, un mapa de África —por supuesto, absolutamente innecesario para cualquiera de los habitantes de la casa—. Hay también un enorme diván forrado de hule. A la izquierda, una puerta conduce a los demás aposentos; a la derecha, otra se abre sobre el zaguán. Al lado de ésta, un polovik. Es un anochecer de otoño. Reina el silencio.

## ESCENA PRIMERA

Marina, ayudada por Teleguin, devana una madeja para su calceta.

**TELEGUIN:** Dese prisa, María Timofeevna... Van a llamarnos de un momento a otro para despedirse de nosotros. Ya han pedido el coche.

**MARINA** (Esforzándose por devanar más velozmente).- Falta muy poco. Sí..., se marchan a Jarkov y se quedan a vivir a lí.

**MARINA:** ¡Pues mejor!... ¡El susto que se llevaron!... "¡Ni una sola hora —decía Elena Andreevna— quiero seguir viviendo aquí! ¡Vámonos y vámonos!... ¡Viviremos -decía- en Jarkov!... ¡Cuando veamos cómo van las cosas, ya mandaremos por todo!...".

**TELEGUIN.** Los preparativos se han hecho muy a la ligera... Esto quiere decir, María Timofeevna, que su destino no es vivir aquí. ¡No es su destino!... ¡Obedece, sin duda, a una fatal predestinación!

**MARINA:** ¡Pues mejor! ¡Hay que ver el alboroto que armaron... los tiros!... ¡Una vergüenza!

**TELEGUIN:** Sí. El argumento es digno del pincel de Alvasovsky.

**MARINA:** ¡Ojalá no los hubieran visto nunca mis ojos! (Pausa). Ahora volveremos otra vez a vivir como antes..., como antiguamente... Por la mañana, pasadas las siete, el té... ; pasadas las doce, la comida... ;

al anochecer, la cena... Todo con su debido orden; como gentes cristianas... (Con un suspiro). ¡Cuánto tiempo hace ya, pecadora de mí, que no he comido tallarines!

**TELEGUIN:** Hace mucho, en efecto, que en casa no se comen tallarines. (Pausa). Hace mucho... Figúrese, Marina Timofeevna, que esta mañana, cuando iba por la aldea, el tendero me dijo al pasar: "Oye tú, gorrón!"... ¡Sentí tal amargura!

**MARINA:** ¡No te importe, padrecito!... ¡Todos somos gorrones en la casa de Dios!... ¡Lo mismo tú, que Sonia y que Iván Petrovich..., ninguno escapa al trabajo!... ¡Todos trabajan! ¡Todos!... ¿Y Sonia... dónde está?

**TELEGUIN:** Con el doctor, en el jardín, anda buscando a Iván Petrovich. Tienen miedo de que vaya a quitarse de en medio.

**MARINA:** ¿Y su pistola?

**TELEGUIN** (Bajando la voz). La tengo escondida en la cueva. MARINA.- ¡Qué pecados!

## ESCENA II

Por la puerta que da al exterior entran Voinitzkii y Astrov.

**VOINITZKII:** ¡Déjame! (A Marina y a Teleguin). ¡Váyanse de aquí! ¡Déjenme estar solo, aunque sólo sea una hora! ¡No aguanto la tutela!

**TELEGUIN:** Al instante, Vania. (Sale de puntillas).

**MARINA:** Igual que los gansos: "Go, go, go..." (Recoge su lana y sale).

**VOINITZKII:** ¡Déjame!

**ASTROV:** Con sumo gusto. Ya hace mucho tiempo que debía haberme marchado ele aquí; pero repito que no me marcharé hasta que me devuelvas lo que me has cogido.

**VOINITZKII:** No te he cogido nada.

**ASTROV:** Te estoy hablando en serio. No me detengas. Ya hace mucho que tenía que haberme marchado.

**VOINITZKII:** No te he cogido nada. (Ambos se sientan).

**ASTROV:** ¿Sí?... Pues ¿Qué se le va a hacer? Esperaré un poco, y después..., perdona, pero tendré que emplear la fuerza. Te ataremos y te registraremos. Esto te lo digo completamente en serio.

**VOINITZKII:** Como, quieras (Pausa). ¡Hice el tonto! ¡Disparar dos veces y no dar ni una sola en el blanco! ¡No me lo perdonaré jamás!

**ASTROV**: Pues si tenías ganas de disparar, haberte disparado a la propia frente.

**VOINITZKII:** ¡Es extraño!... He intentado un homicidio y no se me detiene ni se me entrega a la justicia... Elo quiere decir que me consideran. (Con risa sarcástica). ¡Yo estoy loco, sí...; pero no lo están, en cambio, los que, bajo la careta de profesor, de mago de la ciencia, ocultan su falta de talento, su necedad y su enorme sequedad de corazón!... ¡No están locos los que se casan con viejos para engañarles después a la vista de todo el mundo!... ¡Vi cómo la abrazabas!

**ASTROV:** ¡Pues sí..., la abrazaba..., mientras tú te quedabas con un palmo de narices! (Le hace burla con los dedos).

**VOINITZKII** (Mirando a la puerta). ¡No! ¡La que está loca es la tierra por sosteneros aún!

**ASTROV:** No dices más que tonterías.

**VOINITZKII:** ¿Y qué?... ¿No estoy loco?... ¡Elo me da derecho a decir tonterías!

**ASTROV:** ¡Esa ya es vieja broma!... Tú no eres un loco, sino, sencillamente, un chiflado..., un bufón. Yo también, antes, solía considerar a los chiflados como enfermos, como anormales ... ; pero ahora opino que el estado normal del hombre es la chifladura. Tú eres completamente normal.

**VOINITZKII** (Cubriéndose el rostro con las manos). ¡Qué vergüenza!... ¡Si supieras qué vergüenza es la mía!... ¡Este agudo sentimiento de vergüenza no puede compararse a ningún dolor. (Con tristeza.) ¡Es insoportable! (Inclinando la cabeza sobre la mesa). ¿Qué hago? ¿Qué hago?

**ASTROV:** Nada.

**VOINITZKII:** ¡Dime algo! ... ¡Oh Dios mío!... ¡Tengo cuarenta y siete años, y, suponiendo que viva hasta los sesenta, son todavía trece los que me quedan!... ¡Es mucho!... ¿Cómo vivir estos trece años... ¿Qué hacer?... ¿Cómo llenarlos?... ¡Oh!... ¿Comprendes?... (Estrechando convulsivamente la mano de Astrov). ¿Comprendes?... ¡Oh, si pudiera vivir el resto de mi vida de una manera nueva!... ¡Despertarme en una tranquila y clara mañana sintiendo que empezaba a vivir otra vez y con todo el pasado olvidado y disuelto como el humo!... (Llora). ¡Empezar una vida nueva! ... ¡Sóplame! ¡Dime cómo empezar!... ¡Con qué empezar!

**ASTROV** (Con enojo). ¡Qué vida nueva ni qué monsergas!... ¡En nuestra posición, en la tuya y en la mía, no hay esperanza!

**VOINITZKII.** ¿No?

**ASTROV.-** Estoy convencido ello.

**VOINITZKII:** ¡Dame algo! (Llevándose la mano al corazón). ¡Me quema aquí!

**ASTROV** (Con un grito de enfado). ¡Basta! (Apaciguándose). Los que dentro de cien o doscientos años hayan de sucedernos en la vida, puede que hayan encontrado el modo de ser felices; pero nosotros —tú y yo— sólo tenemos una esperanza: la de que nuestras tumbas sean visitadas por gratas apariciones. (Suspirando). ¡Sí, hermano!... En toda la región no habrá habido más que dos hombres inteligentes y honrados: tú y yo... Sólo que, en cosa de diez años, la vida despreciable, la vida cotidiana..., nos absorbió con sus putrefactas emanaciones, nos envenenó la sangre y..., nos volvimos cínicos como los demás. (En tono vivo). Pero, bueno..., a todo esto, no desvíes la conversación y devuélveme lo que me has cogido.

**VOINITZKII:** No te he cogido nada.

**ASTROV:** Has cogido de mi botiquín un frasco de morfina. (Pausa.) Escucha... Si quieres suicidarte a toda costa..., vete al bosque y pégate allí el tiro... La morfina tienes que entregármela, porque si no, hará habladurías se harán conjeturas, y pensarán que fui yo el que te la di... Para mí ya es bastante el tener que hacerte la autopsia... ¿Crees que es interesante? (Entra Sonia).

**VOINITZKII:** ¡Déjame!

**ASTROV (A Sonia):** ¡Sofía Alexandrovna!... ¡Su tío ha escamoteado de mi botiquín un frasco de morfina y no quiere devolvérmelo!... ¡Dígale que la cosa no tiene nada de inteligente por su parte!... Además, no tengo tiempo que perder. Ya es hora de que me marche.

**SONIA:** ¡Tío Vania!... ¿Has cogido, en efecto, la morfina? (Pausa).

**ASTROV:** La ha agarrado, sí. Estoy seguro.

**SONIA:** ¡Devuélvela! ¿Por qué asustarnos? (Con ternura). ¡Devuélvela, tío Vania!... ¡Yo no soy quizá menos desgraciada que tú, pero no me desespero!... ¡Resisto y resistiré hasta que mi vida acabe por sí misma!... ¡Resiste tú también! (Pausa). ¡Devuélvelo! (Besándole las manos). ¡Mi tío querido... mi amado tío... devuélvelo!... (Llorando). ¡Eres bueno y te apiadarás de nosotros y lo devolverás!... ¡Resiste, tío, resiste!...

**VOINITZKII** (Cogiendo un frasco de la mesa y entregándoselo a Astrov). Toma... (A Sonia). Hay que apresurarnos a trabajar, a hacer algo... De otra manera no podré... no podré.

**SONIA:** Sí, Sí... ¡A trabajar!... Tan pronto como hayamos despedido a los nuestros, nos pondremos al trabajo... (Removiendo nerviosamente los papeles). ¡Lo tenemos todo abandonado!

**ASTROV** (Guardando el frasco en el botiquín y ajustando las correas). Ahora ya puede uno ponerse en camino.

**ELENA ANDREEVNA** (Entrando). ¿Está usted aquí, Iván Petrovich?... Ya nos vamos...; pero vaya a ver a Alexander. Quiere decirle algo.

**SONIA:** ¡Ve, tío Vania! (Cogiendo a Voinitzkii por el brazo.) ¡Anda, vamos! ¡Tú y papá tenéis que hacer las paces! ¡Es imprescindible! (Salen Sonia y Voinitzkii).

**ELENA ANDREEVNA:** Me marcho. (Tendiendo la mano a Astrov.) Adiós.

**ASTROV:** ¿Ya?

**ELENA ANDREEVNA:** Me prometió usted hoy que se marcharía de aquí.

**ASTROV:** Lo recuerdo, en efecto. Me voy ahora mismo. (Pausa.) ¿Se ha asustado usted? (Agarrándole una mano.) ¿Tanto miedo tiene?

**ELENA ANDREEVNA:** Sí.

**ASTROV:** ¿Y si se quedara?... ¿Eh? ... Mañana en el campo forestal

**ELENA ANDREEVNA:** No. Está decidido. Por eso le miro tan valientemente..., porque nuestra marcha está decidida... Sólo quiero rogarle una cosa: que tenga mejor opinión de mí... Quisiera que me estimara.

**ASTROV** (Con un gesto de impaciencia): ¡Ah... ¡Quédese! ¡Se lo ruego!... ¡Confiese que en este mundo no tiene nada que hacer!... ¡Que carece de objetivo en qué ocupar su atención y que, más tarde o más temprano, cederá inevitablemente al sentimiento!... Y entonces, ¿no sería mejor aquí, en plena naturaleza, que en Jarkov o en Kursk?... ¡Más poético, por lo menos, y hasta bonito!... ¡Aquí tenemos un campo forestal y una hacienda medio derruida al gusto de Turgueniev!...

**ELENA ANDREEVNA:** ¡Qué gracioso es usted!... Aunque esté enfadada, me agradará recordarle. Es usted un hombre interesante y original. No hemos de volver a vernos y, por tanto, ¿por qué guardar el secreto?... Me sentí un poco atraída hacia usted... Bueno..., estrechémonos la mano y separémonos como amigos. No guarde mal recuerdo de mí.

**ASTROV** (Después de cambiar con ella un apretón de manos). Sí... Márchese. (Pensativo.) ¡Parece usted una persona buena..., con alma...; pero, sin embargo, diríase que su ser contiene algo extraño!... Desde que con su marido legó aquí, todos cuantos antes trabajaban y trajinaban abandonaron sus asuntos y se pasaron todo el verano ocupados solamente de la gota de su marido y de usted... Ambos nos contagiaron de ociosidad... Yo me sentía tan interesado por usted que estuve un mes entero sin hacer nada, aunque durante este tiempo la gente seguía enfermando y los "mujiks" levando a pastar su ganado a mis bosques... Así, pues, usted y su marido -con sólo su presencia- levan la destrucción por dondequiera que van... Hablo en broma; pero lo cierto es que es extraño, y que estoy convencido de que, si hubiera continuado aquí, el destrozo hubiera sido enorme... Yo hubiera sucumbido, pero tampoco usted hubiera resultado ilesa... Pero bien, márchese. "¡Finita la comedia!"...

**ELENA ANDREEVNA** (Agarrando de la mesa un lápiz y guardándoselo rápidamente). Me llevo este lápiz como recuerdo.

**ASTROV:** ¡Qué extraño!.. Nos conocimos, y de pronto, sin saber por qué, resulta que no hemos de volver a vernos. ¡Así son las cosas de este mundo! Ahora que no hay nadie aquí..., antes que venga el tío Vania con su ramo de flores..., permítame que le dé un beso. Como despedida... ¿Sí?... (La besa en la mejilla). ¡Así, pues, ya está!

**ELENA ANDREEVNA:** Le deseo cuanto mejor pueda desearse. (Mirando a su alrededor). ¡Sea lo que sea! ¡Por una vez en la vida!... (De un súbito impulso le abraza, separándose ambos en el acto rápidamente). ¡Hay que marcharse!

**ASTROV:** Váyase pronto. Si el coche está dispuesto, váyase en seguida.

**ELENA ANDREEVNA:** Me parece que aquí vienen ya. (Ambos escuchan).

**ASTROV:** "¡Finita!".

# ESCENA III

Entran Serebriakov, Voinitzk i, María Vasilievna con un libro entre las manos, Teleguin y Sonia.

**SEREBRIAKOV** (A Voinitzkii). No lo recordemos más. Después de lo ocurrido en estas pocas horas, he sufrido y he meditado tanto, que creo hubiera podido escribir y legar a mis descendientes todo un tratado sobre "el arte de vivir"... De buen grado acepto tus excusas y, a mi vez, te ruego me perdones. Adiós. (Él y Voinitzkii se besan tres veces.)

**VOINITZKII:** Seguirás recibiendo puntualmente lo de costumbre. Todo irá como antes. (Elena Andreevna abraza a Sonia.)

**SEREBRIAKOV** (Besando la mano a María Vasilievna). "Maman"...

**MARÍA VASILIEVNA** (Besándole). Retrátese y mándeme una fotografía... Ya sabe usted cuán querido me es.

**TELEGUIN:** Adiós, excelencia. No nos olvide.

**SEREBRIAKOV** (Después de besar a su hija): Adiós... Adiós a todos. (Tendiendo la mano a Astrov). Gracias por su grata compañía. Aprecio su manera de pensar, sus aficiones y sus ímpetus..., pero permita a este viejo añadir a sus palabras de despedida solamente una observación: ¡hay que trabajar, señores, hay que trabajar! (Con un saludo general.) ¡Deseo mucho bien a todos! (Sale seguido de María Vasilievna y de Sonia).

**VOINITZKII** (Besando apretadamente la mano de Elena Andreevna). ¡Adiós! ¡Perdóneme!... ¡No volveremos a vernos más!

**ELENA ANDREEVNA** (Conmovida). -¡Adiós, querido amigo! (Le besa la cabeza y sale).

**ASTROV** (A Teleguin). ¡Di que, de paso, preparen también mi coche, Vaflia!

**TELEGUIN:** ¡A tus órdenes, querido! (Sale. Astrov y Voinitzkii quedan solos en la escena).

**ASTROV** (recogiendo las pinturas y guardándolas en la maleta).- Y tú... ¿por qué no sales a despedirlos?

**VOINITZKII:** ¡Qué se marchen!... ¡Yo..., yo no puedo!... ¡Me es muy penoso!... ¡Habrá que ocuparse cuanto antes de algo!... ¡Trabajar! ¡Trabajar!... (Rebusca entre los papeles que sobre la mesa. Pausa. Se oyen algunos timbrazos).

**ASTROV:** ¡Se fueron!... El profesor se va, seguramente, contento. Nada le atraerá ya aquí.

**MARINA** (Entrando). ¡Se fueron! (Se sienta en la butaca y empieza a hacer calceta).

**SONIA** (Entrando y secándose los ojos). ¡Se fueron!... ¡Que Dios les proteja!... (A su tío). Bueno... Ahora tú y yo, tío Vania, vamos a hacer algo.

**VOINITZKII:** ¡A trabajar, a trabajar!...

**SONIA:** Hace mucho que no nos sentamos el uno junto al otro ante esta mesa. (Enciende la lámpara sobre ella). Me parece que no hay tinta. (Agarrando el tintero se dirige al armario para llenarlo.) ¡Me da pena que se hayan marchado!

**MARÍA VASILIEVNA** (Entrando lentamente). ¡Se fueron! (Sentándose, se sumerge en la lectura.)

**SONIA** (Levantándose de la mesa y hojeando el libro de las facturas). Haremos primero las facturas, tío Vania. Lo tenemos todo en un atraso terrible. Hoy han vuelto a pedir esa cuenta... Escribe... Escribiremos una tú y otra yo.

**VOINITZKII** (Escribiendo). "Factura a nombre del señor"... (Ambos escriben en silencio).

**MARINA** (Bostezando). Tengo ya ganas de irme a la camita.

**ASTROV:** ¡Silencio, plumas que chirrían y un grillo cantando!... ¡Calor..., un ambiente de intimidad!... ¡No le dan a uno ganas de marcharse! (Se oye un ruido de cascabeles). ¡Ahí está ya el coche!... ¡No me queda otro remedio, amigos míos, que despedirme de ustedes, de mi mesa, y largarme! (Mete en la carpeta los cartogramas).

**MARINA:** ¿Y por qué esa prisa? ¿Por qué no te quedas?

**ASTROV:** No puedo.

**VOINITZKII** (Escribiendo): "Y las dos setenta, y cinco de la deuda anterior". (Entra el Mozo).

**EL MOZO:** ¡Mijail Lvovich! ¡Tiene ahí el coche!

**ASTROV:** Ya le he oído venir. (Entregándole el botiquín, la maleta y la carpeta). Toma..., pero cuida de no arrugarla.

**EL MOZO:** Como usted mande. (Sale).

**ASTROV:** Bien... (Se dispone a despedirse).

**SONIA:** ¿Cuándo volveremos a vernos, entonces?

**ASTROV:** Antes del verano seguramente no... ¡No creo que en invierno... ¡Si algo ocurriera..., claro está..., avísenme! (Estrechándoles la mano). ¡Gracias por su pan, su sal y su afecto!... ¡Por todo, en una palabra! (Yendo hacia el ama, la besa en la cabeza.) ¡Adiós, vieja!

**MARINA:** ¿Y te vas así..., sin el té?

**ASTROV:** No tengo ganas, ama.

**MARINA:** Puede que quieras un poco de vodka.

**ASTROV** (Indeciso): Quizá... (Marina sale. Después de una pausa). Uno de mis caballos cojea un poco. Me fijé en ello ayer, cuando Petruschka lo llevaba al abrevadero.

**VOINITZKII**: Habrá que volver a herrarle.

**ASTROV:** No tendré más remedio que levarle a Rojdestvennoe, a casa del herrero... No tendré más remedio. (Acercándose al mapa de

África y contemplándolo). En esa África hará seguramente ahora un calor terrible...

**VOINITZKII**: Seguramente.

**MARINA** (Volviendo a entrar con una bandeja en la que descansan una copa de vodka y un trocito de pan.)

**ASTROV**: No. Lo prefiero así... Adiós entonces... (A Marina). No me acompañes, ama. No hace falta. (Astrov, seguido de Sonia; ésta con una vela en la mano, sale. Marina se sienta en su butaca).
**VOINITZKII** (Escribiendo). "Veinte libras de aceite, el dos de febrero... Otras veinte libras, el dieciséis... Granos de sarraceno..." (Pausa. Se oye un ruido de cascabeles).

**MARINA**: ¡Se fue! (Pausa.)

**SONIA** (Volviendo a entrar y depositando la vela sobre la mesa).¡Se fue!

**VOINITZKII** (Apuntando después de hacer la cuenta en el ábaco). "Total..., quince..., veinticinco..." (Sonia se sienta y empieza a escribir.)

**MARINA** (Bostezando). ¡Ay, pecadores de nosotros!...

## ESCENA IV

Teleguin entra de puntillas y, sentándose junto a la puerta, comienza a templar bajito la guitarra.

**VOINITZKII** (A Sonia y acariciándote el cabello con la mano). ¡Niña mía!... ¡Cuánto sufro!... ¡Oh, si supieras cuánto sufro!...

**SONIA**: ¡Qué se le va a hacer!... ¡Hay que vivir! (Pausa). ¡Viviremos, tío Vania!... ¡Pasaremos por una hilera de largos, largos días..., de largos anocheceres..., soportando pacientemente las pruebas que el destino nos envíe!... ¡Trabajaremos para los demás —lo mismo ahora que en la vejez —sin saber de descanso!... ¡Cuando legue nuestra hora, moriremos sumisos y allí, al otro lado de la tumba, diremos que hemos sufrido, que hemos llorado, que hemos padecido amargura!... ¡Dios se apiadará de nosotros y entonces, tío..., querido tío..., conoceremos una vida maravillosa..., clara..., fina!... ¡La alegría vendrá a nosotros y, con una sonrisa, volviendo con emoción la vista a nuestras desdichas presentes... descansaremos!... ¡Tengo fe, tío!... ¡Creo apasionadamente! ¡Ardientemente!... (Con voz cansada, arrodillándose ante él y apoyando la cabeza en sus manos). ¡Descansaremos! (Teleguin rasguea bajito, en la guitarra). ¡Descansaremos!... ¡Oiremos a los ángeles, contemplaremos un cielo cuajado de diamantes y veremos cómo, bajo él, toda la maldad terrestre, todos nuestros sufrimientos, se ahogan en una misericordia que llenará el Universo!... ¡Y nuestra vida será quieta, tierna, dulce como una caricia!... ¡Tengo fe!... ¡Tengo fe!... (Secándole las lágrimas.) ¡Pobre! ... ¡Pobre tío Vania!... ¡Estás llorando! (Entre lágrimas). ¡Tu vida no conoció la alegría..., pero espera, tío Vania, espera!... ¡Descansaremos! (Abrazándole). ¡Descansaremos! (Se oye el golpeteo del cayado del guarda. Teleguin rasguea en la guitarra, María Vasilievna anota algo en el margen del artículo que está leyendo, Marina hace calceta.) ¡Descansaremos! (El telón desciende lentamente).


## TELÓN

# EL JARDÍN DE LOS CEREZOS

# PERSONAJES

**LUBOVA ANDREIEVNA RANEVSKAIA.** Propietaria rural.

**ANIA.** Diecisiete años, su hija.

**VARIA.** Veinticuatro años, su hija adoptiva.

**LENÓIDAS ANDREIEVITCH GAIEF.** Hermano de Lubova Andreievna.

**YERMOLAI ALEXIEVITCH LOPAKHIN.** Mercader.

**PIOTOR SERGINEVITCH TROFIMOF.** Estudiante.

**PITSCHIK BORISAVITCH SIMEACOF.** Pequeño propietario rural.

**CARLOTA YVANOVNA.** Institutriz.

**SIMEÓN PANTELEIVITCH EPIFOTOF.** Administrador.

**DUNIASCHA.** Camarera.

**FIRZ.** Ochenta y siete años, camarero.

**YASCHA.** Joven ayuda de cámara.

**UN DESCONOCIDO.**

**EL JEFE DE LA ESTACIÓN DEL FERROCARRIL.**

**PESTOVITCH TCHINOVNIK.** Funcionario público.

**SIRVIENTES.**

La acción tiene lugar en la hacienda de Lubova Andreieva Ranevskaia.

# PRIMERA PARTE

Casa-habitación en la finca de Lubova Andreievna. Aposento llamado "de los niños", porque allí durmieron siempre los niños de la familia. Una puerta comunica con el cuarto de Ania. Muebles sólidos, de caoba barnizada, estilo 1830. Macizo velador. Amplio canapé. Viejo armario. En las paredes, litografías iluminadas. Despunta el alba de un día del mes de mayo. Luz matinal, tenue, propia de los crepúsculos del norte. Por la ancha ventana, el jardín de los cerezos muestra a todos sus árboles en flor. La blancura tenue de las flores armonizase con la suave claridad del horizonte, que se ilumina poco a poco. El jardín de los cerezos es la belleza, el tesoro de la finca; es el orgullo de los propietarios. Aquí están Duniascha, en pie, con una vela en la mano; Lopakhin, sentado, con un libro abierto delante de sus ojos.

**LOPAKHIN.** (Aplicando el oído.) Paréceme que el tren ha llegado por fin. ¡Gracias a Dios! ¿Puedes decirme qué hora es?

**DUNIASCHA:** Son las dos. (Apaga la bujía.) Ya lo ve usted, amanece.

**LOPAKHIN:** El tren lleva dos horas de retraso, por lo menos. Pero ¿quién se admira ya de los retrasos de los trenes? Después de todo, soy un imbécil. Sí, soy un imbécil. Vine justamente para ir al encuentro del tren. Procediendo con toda la calma imaginable, hubiera llegado a tiempo, puesto que el tren anda retrasado dos horas, como de costumbre. Tomé un libro para mantenerme despierto, y me dormí apenas hube leído las primeras líneas. ¿Por qué no me despertasteis, Duniascha?

**DUNIASCHA:** Muy sencillo. Porque supuse que se habría despertado sin necesidad de mí. (Escuchando rumores que vienen de fuera). Ya llegaron… ¡Escuche!…

**LOPAKHIN:** (Escuchando a su vez.) No. ¡Esto no puede ser! Teníamos que haber recogido el equipaje, hacerlo cargar, acomodarlo en los coches, y eso, y lo otro, y lo de más allá… ¿Cómo es posible que ya estén ahí?… Lubova Andreievna ha residido en el extranjero por espacio de cinco años. Mucho debe de haber cambiado. En el extranjero se contraen nuevos hábitos, se cambian las ideas, se modifica el carácter. Como quiera que sea, Lubova Andreievna es una excelente mujer, llana, tratable, de buen corazón. Me acuerdo de que, siendo yo un muchachuelo de ocho años, mi padre, mercader de un pueblo inmediato, me pegó en la cara, no sé por qué, y me brotó sangre de la nariz. Lubova Andreievna, entonces tan jovencita, tan delgada, tan cándida, me tomó de la mano, me condujo al lavabo, que precisamente se hallaba en esta habitación, y me dijo: "No llores, aldeanito, no llores; esto no será nada. De aquí a tu boda, todo habrá pasado…". ¡Ah, sí; aldeanito! En efecto: mi padre era un labriego, nada más que un insignificante labriego; pero yo, ahora, uso chaleco blanco y calzo botas amarillas… No cabe duda, soy rico; tengo muchísimo dinero; aunque reflexionándolo bien, mirando las cosas como son, yo, a mi vez, no soy sino un labriego… Quise leer este libro, hice lo posible por leerlo, traté de comprender, y nada comprendí. Las letras impresas me trajeron el sueño, y me dormí profundamente.

**DUNIASCHA:** Los perros, sin embargo, no se duermen jamás cuando esperan a sus amos.

**LOPAKHI:** ¿Qué te ocurre, Duniascha? Tu actitud me causa extrañeza.

**DUNIASCHA:** Mis manos tiemblan. Mis piernas flaquean. Tengo miedo de caer.

**LOPAKHIN:** Ello viene de que tú eres muy impresionable, de que te enterneces demasiado. Hay algo a en ti que no me agrada del todo; tú vistes como una señorita. No es posible continuar así. Debes acordarte de ti misma y hacerte cargo de cuál es tu verdadera condición.

**EPIFOTOF.** (Entra con un gran ramo de flores y con el traje de los domingos. Tropieza, y el ramo cae al suelo.) El jardinero me encomendó este ramo, diciéndome que había que colocarlo en un jarrón, sobre la mesa. (Epifotof entrega las flores a Duniascha, y ella cumple el encargo).

**LOPAKHIN.** (Dirigiéndose a Duniascha.) Te he dicho que me traigas kwas.

**DUNIASCHA:** Ahora mismo. (Se va).

**EPIFOTOF:** Es ya de día… Tres grados bajo cero, y todos los cerezos en flor… Yo no puedo aprobar este clima. (Suspira). ¡Ah! ¡No! Es absurdo. Nuestro abominable clima va siempre contra nuestra conveniencia. Permítame usted, Yermolai Alexievitch, que le explique mi caso: hace tres días compré un par de botas; mírelas, son éstas que llevo. Las malditas, se lo aseguro, hacen tal ruido que no hay modo de andar con ellas. ¿Qué hacer? ¿Cómo podría yo engrasarlas para que no rechinen?

**LOPAKHIN:** ¡Déjame en paz! Me fastidias con tus estúpidas historias.

**EPIFOTOF:** Todos los días me ocurre algo desagradable. Al fin y al cabo, yo no me lamento. Ya empiezo a acostumbrarme a las contrariedades crónicas. Ellas me hacen ya sonreír.

**DUNIASCHA:** (Entra y presenta a Lopakhin el vaso de "kwas"). Está servido el señor.

**EPIFOTOF:** Voy a… (Pronuncia frases incoherentes, va de un lado para otro y sale).

**DUNIASCHA:** Tengo que decirle, Yermolai Alexievitch, que Epifotof quiere casarse conmigo; ha pedido mi mano…

**LOPAKHIN:** ¡Ah!…

**DUNIASCHA:** ¿Por qué no? Es una persona tranquila. Su único defecto es que cuando empieza a hablar no sabe contenerse, y habla, habla… No se le entiende todo lo que dice. Pero habla con entusiasmo, convencido de que sus palabras tienen un valor. A mí, a decir verdad, no me disgusta. Me quiere locamente. En el fondo, es una persona que no tiene suerte. Cada día le sucede alguna peripecia. En su casa se burlan de él. Le dan el nombre de el "Veintidós desgracias".

**LOPAKHIN.** (Aplicando el oído.) Duniascha, paréceme que llegan…

**DUNIASCHA:** ¡Llegan!… ¡Dios grande!… Casi me dan escalofríos…; ¡Brrr!

**LOPAKHIN:** En verdad, llegan. Vamos a su encuentro. ¿Me reconocerán todavía? ¡Cinco años hace que no nos hemos visto!

**DUNIASCHA.** (Con agitación.) Me siento mal. No me sostengo en pie. (Vacila.) Oíd, oíd… (Óyense ruidos de carruajes que se aproximan.) Se acercan… (Lopakhin y Duniascha precipítanse fuera de la habitación. Ésta queda vacía. Poco después aparece Firz, el viejo servidor, caminando difícilmente, apoyado en un bastón, y se dirige hacia la salida, por donde deben llegar los viajeros. Va vestido a la antigua. Lleva librea y sombrero de copa. Articula frases ininteligibles, como paralizado por la emoción. Óyense frases pronunciadas desde fuera.) Pasemos por aquí… Eso es…, por aquí…; ya estamos.

(Lubova Andreievna y Carlota Yvanovna entran. Carlota lleva tras sí, atado, a su perrito. Ambas están en traje de viaje. Siguen Ania, elegante; Gaief, Simeacof, Pitschik, Lopakhin y Duniascha, cargados de paquetes, paraguas y sombrillas. Camareras y criados transportan los baúles.)

**ANIA:** ¿Te acuerdas, mamá, de esta habitación?

**LUBOVA:** (Con lágrimas de gozo.) ¡Sí, me acuerdo! Esta es la habitación de los niños.

**VARIA:**¡Qué frío hace! Mis manos están heladas. (Dirigiéndose a Lubova Andreievna). Nuestros aposentos, mamá, el azul y el violeta, siguen siendo los mismos. Ninguna variación hubo en ellos. Tal como los dejamos, tal están.

**LUBOVA:** (Mirando en derredor suyo.) Verdaderamente, esta habitación de los niños es encantadora. Aquí dormí yo siendo niña, muy niña. (Llora). Y hoy, ¿por qué no decirlo?, vuelvo a ser una niña… (Abraza a su hermano, a Varia, y de nuevo a su hermano). Varia, como siempre, parece una monja… Y aquí está Duniascha; la reconozco bien; no ha cambiado en nada. (Abraza a Duniascha).

**GAIEF:** El tren lleva dos horas de retraso. ¡Qué desorden! Este país no se parece a ningún otro. Mejor fuera que no hubiese ferrocarriles…

**CARLOTA:** (A Pitschik.) Mi perro come hasta las nueces.

**PITSCHIK:** ¡Figúrense ustedes!… Un perro que come nueces. ¿Es posible? (Todos salen, a excepción de Ania y Duniascha.)

**DUNIASCHA:** ¡Con cuánta impaciencia, señorita, les hemos esperado! (Ayuda a Ania a quitarse el abrigo y el sombrero.)

**ANIA:** Hace cuatro noches que no puedo pegar los ojos. Siento mucho frío.

**DUNIASCHA:** Como salieron ustedes durante la Cuaresma, temíamos la nieve y el hielo… No pueden imaginar hasta qué punto me inquietaba yo por su regreso. Deseaba verlos de nuevo. Deseaba, sobre todo, referirle mi dicha…

**ANIA.** (Con apatía.) Alguna nueva sandez.

**DUNIASCHA:** Él también se impacienta. ¿Sabe de quién le hablo? ¿Quién es el culpable? Epifotof, que pidió mi mano para después de Pascua.

**ANIA:** Siempre la misma cosa. (Arreglándose el peinado.) He perdido todos mis alfileres. (Titubea, fatigada.)

**DUNIASCHA:** Yo no sé verdaderamente qué pensar; él me ama, me ama tanto…

**ANIA:** (Dulcemente, sin pasar el umbral.) Mi habitación, mis muebles, mis ventanas, como si nunca las hubiera abandonado. Ahí están. Me encuentro en mi casa. Mañana por la mañana al levantarme iré al jardín. ¡Ah! Si pudiera dormirme en seguida. No he dormido en todo el viaje. La angustia me impedía conciliar el sueño.

**DUNIASCHA:** Señorita, hace tres días que Piotor Serginevitch llegó.

**ANIA:** (Con alegría.) ¿Pietcha?

**DUNIASCHA:** Le hemos alojado en la casita del baño. Allí duerme. Dice que no quiere molestar. (Mirando su reloj).

**ANIA:** ¿No convendría despertarlo?

**DUNIASCHA:** Bárbara Chichailovna nos lo prohibió, diciendo "Cuidado con despertarlo".

**VARIA:** (Las llaves colgantes del cinto.) Duniascha, date prisa. Mamá desea tomar café.

**DUNIASCHA:** Al instante; voy a prepararlo. (Se va).

**VARIA:** En fin, Anita mía, de nuevo te veo en casa. (Acariciándola). Mi querida Ania está de regreso. ¡Bravo!

**ANIA:**Bastante he sufrido, créelo.

**VARIA:** Lo creo.

**ANIA:** Me puse en viaje en la primera semana de Cuaresma. El frío era intenso. Carlota charlaba sin cesar, me trastornaba el seso. ¿Por qué me la diste como compañera?

**VARIA:** A tu edad, a los diecisiete años, no podías viajar sola.

**ANIA:** Llegamos a París. Hacía frío. La nieve tapizaba los techos y las calles. Yo hablo el francés bastante mal. Mamá vivía en el quinto piso. Al entrar en su alojamiento, vi algunos franceses y señoras, y un cura anciano, con un libro. El desorden allí era grande. El humo de los cigarrillos invadía la atmósfera. Allí no se sentía uno a sus anchas. Súbitamente, mamá me inspiró compasión. Cogí su cabeza entre mis manos, la estreché, la cubrí de besos. No me era posible soltarla. Mamá me acariciaba, llorando copiosamente.

**VARIA:** (A través de las lágrimas.) No hables… No hables…, mi querida Ania.

**ANIA:** Han vendido la villa que tenía cerca de Menton. Nada le queda, absolutamente nada. ¡Qué ruina! ¡Qué desastre! Estamos sin un copek. Lo que nos restaba, apenas nos bastó para el viaje. Mamá no comprende. ¡Con decir que en el restaurante de la estación pidió los platos más caros y dio al mozo una propina regia! … Carlota, por su parte, y Yascha también, comieron lo que más caro costaba. Hubiérase dicho que no sabíamos qué hacer con nuestro dinero. ¡Terrible! ¡Gastar así cuando en la bolsa no hay más que aire! ¿Por qué hacer venir a Yascha, el ayuda de cámara de mamá, con nosotros? ¿De qué podrá servirnos?

**VARIA:** Buen perillán está…

**ANIA:** ¿Y la contribución? ¿Se ha pagado?

**VARIA:** Ciertamente que no.

**ANIA:** ¡Dios mío! ¡Dios mío! ¿Qué va a ser de nosotros?

**VARIA:** En el mes de agosto próximo, la propiedad será vendida por mandamiento judicial.

**ANIA:** ¡Dios mío!…

(Lopakhin, entreabriendo la puerta, escucha.)
**ANIA.** (A Varia en voz baja.) ¿Y Lopakhin, te ha propuesto la boda? (Varia hace un signo de cabeza negativo.)

**ANIA:** Él te quiere, sin embargo. ¿Por qué no os explicáis? ¿Qué esperáis, pues?

**VARIA:** Me parece que esto no va a seguir adelante. El hombre está ocupadísimo. No piensa, no tiene tiempo de pensar en mí. No me presta la menor atención. ¡Que Dios le bendiga! Me causa pena el verle. Todo el mundo se ocupa de nuestro matrimonio, todos nos felicitan, y, en realidad, no hay nada de serio ni de real. No es más que una ilusión… (Cambiando de tono.) Ania, tu broche tiene la forma de una abeja.

**ANIA.** (Tristemente.) Es mamá quien me lo confió… En París, sabes, subí a un globo cautivo.

**VARIA:** Me parece mentira que estés de vuelta. (Abrazándola.) Mi buena, mi querida Ania, ha llegado por fin.

**DUNIASCHA:** (Con la cafetera y un juego de café.) El café para Lubova Andreievna.

**VARIA:** Todo el día lo consagro a las faenas domésticas; y mientras trabajo, sueño. Yo me digo: es necesario que te cases con una persona rica, y de esta suerte, vivirás tranquila; luego, irás en peregrinación a algún santuario, a Kief…, a Moscú…; recorrerás todos los lugares santos…

**ANIA:** Las alondras cantan en el jardín. ¿Qué hora es ya?

**VARIA:** Me parece que las tres. Debieras acostarte, querida mía.

**ANIA:** Tienes razón. (Entran en la cámara de Ania.) Es deliciosa… (Llega Yascha con una manta de viaje y un saco de mano; atraviesa la habitación, no sin preguntar discretamente.) ¿Se puede pasar?

**DUNIASCHA:** No lo había reconocido. ¡Cómo ha cambiado en el extranjero!

**YASCHA:** ¡Hola! Y usted, ¿quién es?

**DUNIASCHA:** Cuando se fueron los señores de viaje, yo era así de alta. (Señalando con la mano una estatura baja.) Yo soy Duniascha, la hija de Teodoro Konoyedof. ¿No se acuerda, señor Yascha?

**YASCHA:** ¡Hum! Un pepino. (Echa un vistazo en derredor y le aplica un beso en la mejilla a Duniascha. Ésta lanza un grito ahogado y deja caer un platillo. Yascha huye.)

**VARIA:** (Desde la puerta.) ¿Qué diablos ocurre?

**DUNIASCHA:** He roto un platillo.

**VARIA:** Eso es de buen agüero.

**ANIA:** (Asomando por su habitación.) Convendría hacer saber a mamá que Pietcha se encuentra aquí.

**VARIA:** Sí; pero yo he dado orden de no despertarle.

**ANIA:** (En la puerta de su estancia; pensativa.) Seis años hace que murió papá. Un mes más tarde, mi hermanito Grischa se ahogó en el río. Era un lindo muchacho de siete años. Mamá no pudo soportar este dolor, y partió para tierras extrañas. Aquí dejó, tras de sí, sus pesares. (Temblando.) ¡Cómo la comprendo! ¡Si ella supiera!… (Ensimismada). Pietcha Trofimof era el profesor de Grischa. Su nombre puede despertar en mamá recuerdos penosos.

**FIRZ.** (Muy correcto, encamínase hacia el servicio de café.) La señora tomará aquí su desayuno. (Se pone los guantes blancos.) ¿El café, está listo? (A Duniascha). ¿Y la leche?

**DUNIASCHA:** ¡Ah! ¡Dios mío! (Sale corriendo.)

**FIRZ:** (Contemplando la cafetera.) ¿Y tú?… Henos aquí, de regreso de París… Antaño, el señor estuvo también en París… en coche… No se viajaba de otro modo. (Ríe.) En coche.

**VARIA:** ¿De qué ríes, Firz?

**FIRZ:** ¿Qué quieres? (Con júbilo). La señora, por fin, ha regresado. Ahora, yo podré morir tranquilamente. (Se enjuaga las lágrimas).

(Entran Lubova Andreievna, Gaief, Lopakhin y Pitschik, este último en "padiovska" de paño fino, pantalones bombachos y botas altas, nuevas. Gaief, al entrar, hace movimientos con sus manos y su cuerpo, como si jugara al billar).

**LUBOVA:** ¿Cómo era esto? Voy a recordar. La bola encarnada, a un lado…

**GAIEF:** Y yo, por tabla… ¿Te acuerdas, hermana mía? Tiempo pasó desde que dormíamos en esta habitación. Yo cuento ahora cincuenta y un años. Más de medio siglo. ¡Es raro, verdad!

**LOPAKHIN:** El tiempo vuela…

**GAIEF:** ¿Qué?

**LOPAKHIN:** He dicho que el tiempo vuela.

**GAIEF:** Aquí huele a pachulí.

**ANIA.** (Sale de su habitación.) He decidido irme a dormir. Buenas noches, mamá. (La besa.)

**LUBOVA:** Ángel querido, ¿estás contenta de hallarte de nuevo en casa? A mí se me figura un sueño.

**ANIA:** Adiós, tío.

**GAIEF.** (Besando la mejilla y la mano de Ania). Que Dios te bendiga. ¡Cómo te pareces a tu madre! (Dirigiéndose a su hermana). Tú, Liuba, a su edad, tú eras enteramente como ella. (Ania tiende la mano a Lopakhin y a Pitschik, penetra en su habitación y cierra la puerta).

**LUBOVA:** Debe de estar cansadísima.

**VARIA:** (A Lopakhin y a Pitschik). Vamos; ya han dado las tres. Hay que tener un poco de conciencia. Hora es de dejar descansar a los viajeros.

**LUBOVA:** Tú, Varia, tú eres siempre la misma. (La trae hacia ella y la besa). Voy a tomar una taza de café, y nos iremos todos a dormir. (Firz coloca una almohadilla bajo los pies de Lubova Andreievna). Gracias, querido. Yo no he perdido la costumbre de tomar café. Lo bebo de día y de noche… No sé prescindir del café… Muchas gracias.

**FIRZ:** Si está bien, señora.

**VARIA:** Hay que ver si trajeron todo el equipaje. (Se marcha).

**LUBOVA:** ¿Es posible que sea yo la que se encuentra en este sitio? Ganas me vienen de saltar, de bailar. ¿Estoy soñando? Dios sabe si yo amo a mi patria. La adoro. Desde la ventanilla del vagón, la contemplación del paisaje me emocionaba profundamente. Lloraba como una niña… En fin, es necesario que acabe de tomar el café. Gracias, muchas gracias, viejo. ¡Qué contenta estoy de haberte hallado vivo todavía!

**FIRZ:** Anteayer…

**GAIEF:** Oye mal.

**LOPAKHIN:** Muy temprano, hacia las cinco de la mañana, tengo que salir para Kharkof. ¡Qué fastidio! Mucho me gustaría poder permanecer con vosotros, conversar… La miro a usted, señora, y la veo como fue siempre: deslumbrante.

**PITSCHIK:** Hasta ha embellecido. Ahí la tenéis, vestida a la última moda de París.

**LOPAKHIN:** Su hermano Leónidas Andreievitch afirma que yo soy un ganapán, un explotador; diga lo que quiera, no me importa. Puede decir lo que le venga en gana. Lo que yo desearía es que la señora me tratase con entera confianza, como antes de ahora me trataba, y que su dulce mirada se fije en mí alguna que otra vez. Mi padre fue siervo en casa de vuestro abuelo y en casa de vuestro padre; y usted, particularmente, señora, me ha dispensado tanto bien que he olvidado todo lo antiguo y la quiero como si fuese de mi familia, y aún más.

**LUBOVA:** No puedo contenerme..., no, no puedo. (Levántase agitada.) ¿Cómo sobrevivir a una alegría tan intensa? Reíos de mí; soy una tonta, una imbécil... ¡Mi pequeño armario! (Lo besa). ¡Mi mesita!... ¡Todo lo que me rodea me es tan querido! ¡Habla tanto a mi alma!...

**GAIEF:** Durante tu ausencia, la nodriza murió...

**LUBOVA.** (Vuelve a sentarse y absorbe su café.) Lo sabía. Me lo escribieron. ¡Que Dios la haya en su seno!

**GAIEF:** Y Anastasia murió también. Petruchka, la miope, nos dejó, y ahora habita en casa del jefe de los agentes de policía. (Saca de su bolsillo una cajita de caramelos).

**PITSCHIK:** Mi hija Daschinka la saluda, señora.

**LOPAKHIN:** Yo quisiera referirle algo alegre. (Mira su reloj). ¡Cáspita, debo partir en seguida! No tengo tiempo que perder... No obstante, lo que he de decirle se lo diré en dos o tres palabras. Supongo que estará informada de que vuestro jardín de los cerezos será puesto en venta para responder de las deudas. La subasta está anunciada para el 22 de agosto; pero usted, querida amiga, permanezca tranquila; no se inquiete, duerma sin recelos; no faltará solución a este conflicto. Tengo un proyecto. ¿Quiere usted prestarme atención? La finca está situada a veinte kilómetros de la ciudad, y por sus linderos pasa la vía férrea. Dividiendo en parcelas el jardín de los cerezos y la parte de su propiedad más próxima al río, podrían arrendarse a quienes quisieran construir datchas. Sin dificultad le rentaría a usted esto veinticinco mil rublos anuales. Es una especulación segura. Yo le garantizo que todas las parcelas serán inmediatamente arrendadas a buen precio.

**GAIEF:** Excúseme si le advierto que lo que acaba usted de decir es una solemne tontería.

**LUBOVA:** Yo, en verdad, no comprendo...

**LOPAKHIN:** De cada datchik se sacaría por año y por deciatina... Como hagan desde ahora una buena publicidad, tendrá usted más arrendatarios de los que necesite; yo le aseguro que antes del año todas sus tierras estarán alquiladas. La situación topográfica es de primer orden. El río es profundo. Habrá que poner un poco de orden; demoler los edificios. He aquí, por ejemplo, esta casa, que ya no vale nada. Todo lo viejo, lo rancio, lo inútil, tendrá que desaparecer. Habrá que talar el jardín de los cerezos...

**LUBOVA:** ¿Talar el jardín de los cerezos? ¿Está usted loco? Permítame que le diga, querido amigo, que usted no entiende nada de este asunto. Nuestro jardín de los cerezos es lo más notable, sin disputa, que existe en toda la comarca.

**LOPAKHIN:** ¿Notable, este jardín? Lo único que tiene de notable es su superficie. Por lo demás, sus árboles no dan fruto más que una vez cada dos años, y cuando las cerezas cuajan, para nada sirven, pues nadie las compra...

**GAIEF:** Hasta en las enciclopedias este jardín está mencionado.

**LOPAKHIN:** (Mirando su reloj). Si no hallan otra solución que más les convenga, el jardín de los cerezos será vendido en pública subasta el 22 de agosto, con toda la propiedad, sin que una pulgada de terreno se libre de la venta. ¡Decídase! No hay otra salida. Se lo juro. ¡No la hay!

**FIRZ:** Hace unos cuarenta o cincuenta años, fabricábamos conservas de cerezas, mermeladas, confituras, y entonces...

**GAIEF:** Cállate, Firz.

**FIRZ:** Acuérdome que la cereza secada era expedida, por grandes cantidades, a Choscon y a Kharkof, lo que reportaba mucho dinero. En aquel tiempo, la cereza secada era blanda, agradable al gusto, jugosa, aromática... Conocíase el método para prepararla convenientemente.

**LUBOVA:** ¿Y qué se ha hecho de este método?

**FIRZ:** Lo olvidaron...

**PITSCHIK:** (A Lubova Andreievna.) Dígame... ¿Qué ocurre en París? ¿Han comido ustedes ranas?

**LUBOVA:** No. He comido cocodrilos.

**PITSCHIK:** ¡Figúrese usted!...

**LOPAKHIN:** Hasta el presente no había en el campo sino nobles y campesinos. Ahora comienzan a ser numerosos los datchnik. Todas las ciudades, incluso las pequeñas, están actualmente rodeadas de datchas. Puede preverse que el datchnik, de aquí a unos veinte años, habrá adquirido un vasto desarrollo, y representa una fuerza social. Actualmente limitase a beber vasos de té en los verandah.

**GAIEF:** ¡Qué majadería!

(Entran Varia y Yascha).

**VARIA:** Mamá, se me había olvidado. Hay para ti dos telegramas. (Busca una llave en el manojo que cuelga de su cintura, y abre el armario). Aquí están.

**LUBOVA:** ¡Ah! Son de París. (Abre los telegramas y los deposita sobre la mesa, sin leerlos). Con París todo terminó.

**GAIEF:** Oye, Lubova: ¿sabes cuántos años tiene este armario? Hace algunos días, abriendo un cajón inferior, noté que la fecha estaba marcada a fuego. Data ya de cien años. ¿Qué te parece, Lubova? Pudiéramos celebrar un jubileo... Es un objeto inanimado que significa algo... Un armario propio para contener libros...

**PITSCHIK:** ¡Figúrese usted! ¡Cien años!...

**GAIEF:** Sí; es un objeto inanimado. ¡Oh, mi querido armario de edad venerable! Yo saludo tu existencia centenaria. (Lo palpa con cariño.) Yo saludo tu vejez robusta. Tú has sido útil a mis ascendientes, y tú nos vives como en tu primera juventud. Tú eres un amigo.

**LOPAKHIN:** Sí…

**LUBOVA.** (A Gaief). Idealista, sentimental; eres siempre el mismo.

**LOPAKHIN:** (Mirando su reloj). Debo irme…

**YASCHA:** (Ofreciendo una píldora a Lubova Andreievna). ¿Tomará usted en seguida sus píldoras?

**PITSCHIK:** No hay que tomar medicamentos, mi querida amiga… No hacen ni daño ni provecho… ¡Vengan esas píldoras!… (Se apodera de ellas, las estruja entre sus manos, reduciéndolas a polvo, que absorbe, con acompañamiento de un trago de agua.)… ¡Así!

**LUBOVA:** (Con espanto). ¿Ha perdido usted el juicio?

**PITSCHIK:** ¡Me lo he tragado todo, todo!

**LOPAKHIN:** ¡Qué bruto!

(Todos ríen.)

**FIRZ:** (Hablando de Pitschik en tercera persona.) Estuvo por Pascuas en casa; se comió medio cubo de pepinos… (No puede continuar; balbucea frases incoherentes.) LUBOVA.—¿Qué le ocurre?

**VARIA:** Desde hace tres años se encuentra así. (Balbucea). Ya nos hemos acostumbrado.

**YASCHA:** Efecto de la edad.

(Entra Carlota Yvanovna, vestida de blanco, esbelta, fina de talle.)

**LOPAKHIN:** Dispénseme, Carlota Yvanovna. No tuve aún tiempo de darle los buenos días. (Acércase a Carlota Yvanovna para besar su mano).

**CARLOTA:** (Retirando su mano.) Si le permito besar la mano, querrá besar el codo, y luego el hombro…

**LOPAKHIN:** Hoy no tengo suerte.

**CARLOTA:** Me voy a descansar.

**LOPAKHIN:** Dentro de tres semanas nos veremos. (Besa la mano de Lubova Andreievna). Entretanto, adiós. (A Gaief). Es tiempo de marchar. Hasta la vista. (Bésanse en la mejilla él y Pitschik). Hasta más ver. (Tiende la mano a Varia, a Firz y a Yascha). La verdad es que no tengo ganas de abandonarlos. (A Lubova Andreievna). Si se decide respecto a los terrenos para datchas, entéreme. Yo podré procurarle un préstamo de cincuenta mil rublos. Piense en ello seriamente.

**VARIA:** (Descontenta). ¿Cuándo acabará usted de irse?

**LOPAKHIN:** Me voy, me voy… (Se va).

**GAIEF:** ¡Qué animal!… ¡Ah!… Mis excusas… Varia se va a casar con él.

**VARIA:** No hables de eso, mi querido tío.

**LUBOVA:** ¿Por qué no, Varia? Yo me alegraría de que eso se realizara. Es una excelente persona.

**PITSCHIK:** Hay que convenir en que es un hombre muy honorable… Mi pequeña Daschinka lo dice así; y añade que… añade bastantes cosas. (Cierra los ojos, pega un ronquido y despierta de nuevo). En todo caso (A Lubova), amiga mía, préstame doscientos cuarenta rublos. Mañana he de pagar las contribuciones.

**VARIA:** (Asustada). No, no.

**LUBOVA:** Verdaderamente, yo no dispongo de esa suma.

**PITSCHIK.** (Riendo.) Sí, dispone usted de ella. Yo no pierdo jamás la esperanza. Vea. Yo me imaginaba que todo estaba perdido. Pero, de repente, se construyó la vía férrea que atraviesa mis tierras, y se me indemnizó. Y de este modo, muy bien puede suceder que mañana se presente alguna otra ganga. Quizá Daschinka gane doscientos mil rublos… Ha comprado un billete.

**LUBOVA:** Bebamos el café, y vámonos a descansar.

**FIRZ:** (A Gaief.) Lleva usted ahora otro pantalón, que no casa con la chaqueta. ¿Qué tendré yo que hacer para que ande usted correcto?

**VARIA.** (Dulcemente.) Ania duerme. (Abre con precaución la ventana.) El sol sube. No hace frío. Vea, mamá, qué hermosos árboles. ¡Dios mío! ¡Qué puro es el aire! Los mirlos cantan…

**GAIEF.** (Abre otra ventana.) El jardín está enteramente blanco. Observa, Lubova: esta larga avenida se prolonga directamente como una correa. Brilla en las noches de luna. Siempre fue así. ¿Te acuerdas? Tú no olvidaste los días que transcurrieron…

**LUBOVA.** (Mirando hacia la ventana.) ¡Infancia mía! ¡Virginidad! En este aposento dormí yo. En el jardín paseé mis ensueños juveniles. ¿Cómo olvidarlo?

**GAIEF:** El jardín, que va a ser vendido por causa de nuestras deudas. ¡Qué cosa más rara!

**LUBOVA:** ¿Qué veo? Nuestra difunta madre camina por el jardín. Lleva un traje blanco como la nieve. ¡Se ríe! ¡Sí; es ella!

**GAIEF:** ¿Dónde?…

**VARIA:** Mamá, ¿qué dice?

**LUBOVA:** En efecto, no hay nadie. Fue una alucinación… A la derecha, junto al pabellón, hay un arbolito que se asemeja a una mujer inclinada.

(Entra Trofimof, vestido con uniforme de estudiante. Usa anteojos.)

**LUBOVA:** (Sin apartar la vista de la ventana.) El jardín es verdaderamente encantador. ¡Cuántas florecillas! ¡Y qué bien se destacan en el cielo azul!

**TROFIMOF:** Lubova Andreievna… (Ésta vuelve la cabeza). Vengo únicamente a saludarla, y me iré en seguida. (Besa la mano a Lubova Andreievna). Se me ordenó esperar hasta ya entrada la mañana; pero me faltó paciencia.

**LUBOVA:** (Observándole con sorpresa). Usted es…

**VARIA:** (Emocionada.) Es Pietcha Trofimof.

**TROFIMOF.:** Pietcha Trofimof, el preceptor de su Grischa. ¿Tanto he cambiado? (Lubova le abraza y llora).

**GAIEF:** Basta, Lubova, basta.

**VARIA:** (Llorando). Yo le dije a usted, Pietcha, que águardase hasta mañana.

**LUBOVA:** Mi pobre Grischa, hijo mío… Grischa, mi adorado hijo…

**VARIA:** ¿Qué hacer, mamá? Es la voluntad de Dios.

**TROFIMOF:** (Con ternura). La vida es así…

**LUBOVA:** (Sollozando). ¡Pobre hijo mío! ¡Ahogado! ¿Por qué?… Mas (Volviendo a la calma). yo profiero exclamaciones y hablo a gritos, y Ania duerme. No hagamos ruido. Pero vamos a ver, Pietcha, ¿por qué ha cambiado usted tanto? ¡Y envejecido!

**TROFIMOF:** En el vagón, una mujer me adjudicó los epítetos de "sarnoso", "arisco".

**LUBOVA:** Cuando yo le conocí, era usted un niño. Un estudiantillo joven. Y ahora, lleva usted anteojos como un profesor, y la cabellera le clarea. ¿Es usted todavía estudiante, Trofimof? (Se dirige hacia la puerta.)

**TROFIMOF:** Probablemente lo seré toda mi vida.

**LUBOVA:** (Besando a su hermano y luego a Varia.) Ea, vámonos a dormir… (A su hermano.) Tú también has envejecido.

**PITSCHIK:** (Siguiendo en pos de ella.) En fin, vámonos a dormir. ¡Oh, mi gota! Yo me quedaré hoy en esta casa. Lubova Andreievna, mi buena amiga, yo quisiera recibir mañana… doscientos cuarenta rublos.

**GAIEF:** Lo que es eso, no lo deja de la mano.

**PITSCHIK:** (Lastimero). Doscientos cuarenta rublos…; necesito pagar las contribuciones.

**LUBOVA:** No tengo dinero, amigo.

**PITSCHIK:** Pero yo se lo restituiré en seguida, mi buena amiga…; la suma es tan insignificante…

**LUBOVA:** Bien, Leónidas se lo entregará a usted. Escuche, Leónidas, entréguele doscientos cuarenta rublos.

**GAIEF:** Sí; puede contar con ellos. (Irónicamente). ¡Que espere sentado!

**LUBOVA:** ¿Qué le vamos a hacer? Entregárselos; si los necesita con urgencia…; él los devolverá.

(Lubova Andreievna, Trofimof, Pitschik y Firz se van. Quedan en la estancia Gaief, Varia y Yascha).

**GAIEF:** Decididamente, mi hermana no ha perdido la costumbre de tirar el dinero. (A Yascha). Apártate un poco, hueles a gallina.

**YASCHA:** Leónidas Andreievitch, siempre será usted el mismo.

**GAIEF:** (A Varia). ¿Cómo? ¿Qué ha dicho?

**VARIA:** (A Yascha). Tu madre ha llegado del campo. Te espera desde anoche en el departamento de los criados, y quiere verte, Yascha.

**YASCHA:** Me importa poco.

**VARIA:** Tú eres un inconsciente.

**YASCHA:** ¿Quién le impide volver mañana? (Se marcha).

**VARIA:** Mamá no ha cambiado. ¡Siempre la misma! Si de ella dependiera, ya hubiera despilfarrado lo que le resta. Su manía es regalar, gastar, distribuir dinero sin ton ni son.

**GAIEF:** Sí; en efecto… (Después de una pausa.) ¿A qué buscar remedios contra una enfermedad incurable? Yo me esfuerzo por comprender. Yo creo disponer de muchos medios, de muchos, lo cual equivale a decir que no dispongo de ninguno. Excelente medio sería el heredar. Heredar, ¿de quién? Yo no vislumbro ninguna herencia en perspectiva. Convendría también que Ania contrajese matrimonio con alguien muy rico. Muy útil nos será, tal vez, ir a Yaroslaf y probar suerte cerca de nuestra tía, la condesa. Nuestra tía es enormemente rica; es, además, de una bondad extraordinaria. Yo la quiero mucho. Será necesario que le hablemos, que se lo confesemos todo, aun apoyándonos en circunstancias atenuantes…

**VARIA:** (A media voz.) Ania está en la puerta.

**GAIEF:** ¡Qué diablo! ¡Es sorprendente! Hay algo extraño dentro de mi ojo derecho… Empieza a dolerme…

(Ania entra).

**VARIA:** ¿Por qué no duermes?

**ANIA:** No puedo.

**GAIEF:** ¡Ay pequeña! (Besa las manos y la cara de Ania). Hija mía (Lloriquea)., tú no eres mi sobrina; tú eres mi ángel, tú lo eres todo para mí. Créeme, tú eres lo que yo más quiero.

**ANIA:** Lo creo; todo el mundo le estima a usted y le respeta. Pero en ciertas ocasiones convendría que no hablase usted tanto. ¿Qué ha dicho usted, hace poco, a propósito de mamá, de su hermana? ¿A qué venían esas palabras?

**GAIEF:** Tienes razón, Ania. (Coge las manos de Ania y se cubre con ellas su propio rostro). Es terrible; Dios mío, sálvame. Es verdad. Hablo más de lo debido. Mi discurso ante el viejo armario, ¡qué tonto! No me di cuenta de ello sino cuando lo terminé.

**VARIA:** Verdaderamente, tío, debe usted echarse un nudo a la lengua. Cállese. Así está bien.

**ANIA:** Si se callara usted, se encontraría mejor, mucho mejor.

**GAIEF:** Ya me callo. (Besa las manos de ambas jóvenes.) Pero mirad…, acerca del asunto en cuestión… El jueves fui al tribunal; estábamos entre amigos, y nos pusimos a charlar. Paréceme que será posible efectuar un préstamo para el pago de las contribuciones.

**VARIA:** ¡Si Dios quisiera ayudarnos!

**GAIEF:** El martes volveré allá. (A Varia.) No te apures. (A Ania.) Tu mamá hablará con Lopakhin; él no se negará si es ella quien le pide prestado. Cuando tú hayas descansado bien, te irás a Yaroslaf, a casa de tu abuela la condesa. Con seguridad, se podrán satisfacer los intereses. Y nuestra finca se habrá salvado. ¡Respiro! No permitiré nunca, ¡oh, nunca!, que nos la vendan en pública subasta.

**ANIA:** (Con calma.) Tú eres bueno. Tu bondad me tranquiliza.

**FIRZ:** (Entra súbitamente.) Leónidas Andreievitch, ¡váyase, váyase ya a dormir!

**GAIEF:** En seguida… Firz, puedes retirarte. Vámonos a dormir. (Besa a sus sobrinas.)

**ANIA:** ¿Y tú? ¿Todavía charlarás?

**VARIA:** ¡Callaos ya!

**FIRZ:** (Volviendo atrás). Leónidas Andreievitch, yo me retiro.

**GAIEF:** Y yo. (Vase, seguido por Firz).

VARIA.—Parece que estoy algo más tranquila. (Varia se retira, llevándose consigo a Ania. A lo lejos óyese el caramillo de un pastor. Trofimof atraviesa la sala, y viendo a las dos jóvenes, se detiene. Varia y

Ania parecen muy fatigadas. Varia, apoyando ligeramente su cabeza sobre el hombro de Ania, murmura, medio dormida:) Vamos…, vamos.

**TROFIMOF:** (Contemplando el grupo.) ¡Sol mío! ¡Primavera mía!

## SEGUNDA PARTE

En el campo. Antigua capilla, ruinosa, abandonada, con paredes cubiertas de musgo. Cerca de la capilla, un pozo. Esparcidos por el suelo, restos de viejas tumbas. Un banco de madera roído por el tiempo. Camino que conduce a la finca de Lubova Andreievna. Bosque de tilos. A la izquierda comienza el jardín de los cerezos, en el ángulo del cual existe un pabellón o glorieta. En perspectiva, postes telegráficos, marcando una línea de ferrocarril. A lo lejos, a través de la neblina, el panorama de una pequeña ciudad, con sus cúpulas y campanarios. Se aproxima el ocaso. Carlota, Gaief y Duniascha están sentados en el banco. Junto a ellos, Epifotof tañe la guitarra, ejecutando un aire triste. Todos aparecen pensativos. Carlota está con equipo de caza, y la escopeta descansa entre sus rodillas.

**CARLOTA:** Yo no tengo pasaporte, yo ignoro mi edad. Figúrome que soy todavía joven. En mis tiempos de infancia, mi padre y mi madre recorrían las ferias, dando representaciones; yo brincaba como un diablillo, y hasta daba saltos mortales. Así aprendí y practiqué el oficio de titiritera. A la muerte de mis padres, una señora alemana me tomó en su casa y me educó. Crecí. Me convertí en aya. Pero ¿qué soy yo en realidad? No lo sé. ¿Quiénes fueron mis padres? ¿Estaban casados? (Saca del bolsillo un pepino y lo come ávidamente.) Yo no sé nada, nada, de lo que fueron mis padres y de lo que yo soy. (Pausa.) Me devoran las ganas de hablar con alguien, y nadie tiene interés en escucharme.

**EPIFOTOF:** (Cantando al son de la guitarra):

*Yo me burlo de todo el mundo.*
*¡Qué me importan los amigos y los enemigos!*

¡Qué cosa tan agradable expresar los propios sentimientos en música!

**DUNIASCHA:** (Empolvándose el rostro.) Canta, canta…
**EPIFOTOF:** La vida es una eterna canción.

**CARLOTA:** (Tomando su escopeta). Tú, Epifotof, eres muy completo, muy sabio; pero me inspiras miedo. ¡Todos los sabios se me antojan tan imbéciles!

**EPIFOTOF:** Carlota, piense usted de mí lo que quiera. Pero debo decirle que la suerte no me ha sido propicia. (Llegan Lubova Andreievna y Lopakhin).

**LOPAKHIN:** Ahora bien; urge decidirse. El tiempo vuela. La cuestión es bien sencilla. Déme usted su consentimiento, y yo me las arreglaré para realizar el negocio de las parcelas. ¿Sí, o no?

**LUBOVA:** Malos augurios corren por acá.

**GAIEF:** La línea férrea va a ser puesta en explotación. Ello constituirá una gran comodidad.

**LOPAKHIN:** Una palabra, Lubova, una simple respuesta. ¿Sí, o no?

**GAIEF:** (Bostezando.) ¿Responder? ¿A qué?

**LUBOVA:** (Examinando su portamonedas.) Ayer me quedaba aún bastante dinero. Hoy, muy poco. Mi pobre Varia, hay que economizar. Danos de comer a todos sopas de leche. Los criados se contentarán con un plato de guisantes. ¡Y decir que yo gasto mi dinero tontamente! (Deja caer el portamonedas, del cual salen, rodando por el suelo, algunas piezas de oro.) ¡Ea! Ya veis cómo ruedan.

**YASCHA:** (Que llega en este mismo momento.) Déjeme; voy a recogerlas una por una. (Las recoge.)

**LUBOVA:** Gracias, Yascha.

**GAIEF:** ¿De qué te ríes, Yascha?

**YASCHA.** Yo no puedo escuchar la voz de usted sin reír.

**LUBOVA:** (A Yascha.) ¡Vete de ahí!

**YASCHA:** (Entregándole el portamonedas.) Me iré.

**LOPAKHIN:** Derejanof, el ricachón, desea comprar vuestra propiedad; piensa tomar parte en la subasta.

**LUBOVA:** ¿Por dónde lo sabe usted?

**LOPAKHIN:** Lo he oído decir en la ciudad.

**GAIEF:** La tía de Yaroslaf prometió enviarnos fondos. Cuándo los enviará, Dios lo sabe.

**LOPAKHIN:** ¿Cuánto? Cien, doscientos, mil.

**LUBOVA:** Diez o quince mil. Eso vendrá muy bien.

**LOPAKHIN:** Excúseme por lo que voy a decir. Yo no he visto jamás personas más negligentes y ligeras que ustedes, personas tan nulas, tan negadas en lo que se refiere a los negocios. Se les advierte en ruso, de una manera explícita y clara, que su propiedad será puesta en venta, y ustedes como si tal cosa.

**LUBOVA:** ¿Qué debemos hacer? Dígalo.

**LOPAKHIN:** Yo se lo estoy diciendo, en todos los tonos, todas las mañanas, todos los días, y ustedes aparentan no entender mi lenguaje. Su jardín de los cerezos y toda su finca deben ser transformados en terreno de datchas. Esto debe ser realizado sin tardanza, con la mayor prontitud posible. El día de la subasta se aproxima.

¿Comprende? Si se decide a arrendar la tierra para las datchas, podrá salvarse. Yo no sé ya cómo repetirlo; métase bien en la cabeza la idea de que no hay otro medio de salvación.

**LUBOVA:** Siempre las datchas y los datchnik. ¡Qué vulgaridad!

**GAIEF:** Soy enteramente de tu opinión.

**LOPAKHIN:** Voy a llorar, a gritar, a desmayarme. Me atormentáis demasiado. Me voy, me voy lejos de aquí…

**LUBOVA:** (Deteniéndole.) No se vaya usted. Acaso haya modo de arreglar algo.

**LOPAKHIN:** ¿Se le ha ocurrido alguna idea?

**LUBOVA:** Se lo suplico, no se aleje… Su presencia nos consuela. He gastado más de lo que debía. Mi marido murió, y quedé tan joven y tan sola… Cometí una grave falta casándome por segunda vez… En ese río se ahogó mi único hijo, mi pobre Grischa. Loca de dolor me fui al extranjero para no volver a ver más ese río fatal. Entonces cerré los ojos a la realidad y huí en busca de nuevos horizontes, y mi segundo marido me siguió; era un ser grosero, que me trataba sin piedad. Compré la "villa" cerca de Menton porque él había caído enfermo y necesitaba un clima templado, y por espacio de tres años no tuve reposo, ni de día ni de noche. Este año último, la villa fue vendida por reclamación de mis acreedores. Me instalé en París. Mi segundo marido, el infame, robóme lo que pudo, y me abandonó, para irse con otra. Traté de envenenarme… Luego me asaltó el ansia de regresar a mi país. ¡Dios misericordioso, no me castigues más! (Saca de su bolsillo un telegrama.) He aquí que el miserable me suplica que vuelva cerca de él y que le perdone. (Rompe el telegrama.)

(A lo lejos, óyese una música.)

**GAIEF:** Es nuestra célebre orquesta judía: cuatro violines y un contrabajo.

**LUBOVA:** Habría que invitarlos para una pequeña fiesta.

**LOPAKHIN:** La historia de usted me interesa; siga su relato.

**LUBOVA:** (A Lopakhin.) Y usted, ¿por qué no se ha casado? Ahí está nuestra Varia, buena muchacha, excelente por todos conceptos.

**LOPAKHIN:** Sí.

**LUBOVA:** Laboriosa, sencilla, y que, además, siente por usted cierto cariño.

**LOPAKHIN:** No digo que no; Varia es una buenísima muchacha. GAIEF.—Se me propone un empleo en un banco; sesenta mil rublos por año.

**LUBOVA:** No digas majaderías.

**FIRZ:** (Con el abrigo de Gaief). Tenga la bondad de ponerse el abrigo. Temo que se resfríe.

**GAIEF:** ¡Me aburres, hombre!

**FIRZ:** No importa.

**LUBOVA:** Firz, ¡cómo has envejecido!

**FIRZ:** ¿Qué desea la señora?

**LOPAKHIN:** La señora dice que tú has envejecido.

**FIRZ:** En efecto, mi vida es ya larga. Nuestro padre no había nacido aún cuando ya me querían casar. (Ríe.) Entonces nos emanciparon de la servidumbre. Yo era el jefe de camareros, y no quise aprovecharme de mi libertad. Me quedé como estaba, ni más ni menos; seguí sirviendo fielmente a mi amo… (Pausa.) Me acuerdo muy bien. Todos mis camaradas rebosaban de gozo; todos estaban contentísimos. ¿De qué? Ellos mismos no lo sabían.

**LOPAKHIN:** ¡Oh! Antes se estaba mucho mejor. Había latigazos… ¡Qué delicia!

**FIRZ:** (Que no había entendido bien las anteriores frases.) Sin duda; los mujiks andaban entonces con los propietarios, y los propietarios con los mujiks; mientras que ahora cada cual anda por su lado.

**GAIEF:** ¡Cállate ya! (A Lopakhin.) Mañana intentaré en la ciudad pedir fondos prestados.

**LOPAKHIN:** Sépalo usted de antemano. Fracasará usted. No se podrá pagar la contribución. Es inútil forjarse ilusiones.

(Llegan Trofimof, Ania y Varia).

**LUBOVA:** Siéntense ustedes.

**LOPAKHIN:** Nuestro estudiante perpetuo está siempre con las jóvenes.

**TROFIMOF:** Cosa es ésta que no te atañe.

**LOPAKHIN:** Pronto tendrá cincuenta años, y todavía estudia.

**TROFIMOF:** Tú, en cambio, eres una plaga social.

**LOPAKHIN:** Yo trabajo desde por la mañana hasta la noche. Levántome de la cama a las seis, y antes, si es preciso. Nunca me falta dinero: el mío o el de los demás. Alrededor de mí observo a los hombres y veo cómo se desenvuelven. Es preciso trabajar. Trabajando, compréndese cuán reducido es el número de las personas honradas. A veces, cuando no puedo conciliar el sueño, me pongo a pensar: "Dios mío, tú nos has deparado los grandes bosques, los inmensos campos, los horizontes profundos; y, en nuestra calidad de habitantes de esta tierra enorme y prodigiosa, nosotros debiéramos ser gigantes...".

**GAIEF:** Déjanos en paz con tus gigantes. Los gigantes no caben sino en los cuentos de hadas. (Epifotof pasa tocando una melodía melancólica. Todos escuchan. Larga pausa.)

**LUBOVA:** Epifotof viene...

**ANIA.** (Pensativa.) Epifotof viene...

**GAIEF:** El sol se pone.

**TROFIMOF:** Sí.

**GAIEF:** (A media voz, y como declamando.) ¡Oh, Naturaleza! Tú brillas con tu eterno esplendor.

**VARIA.** (Suplicante.) ¡Tío!

**ANIA:** ¿Otra vez? ¡Tío, tío!... (Tranquilidad, silencio. Malestar latente. Firz balbucea confusamente no se sabe qué. Ruido misterioso en el aire; como el son de una cuerda que se rompe).

**LUBOVA:** ¿Qué es eso?

**LOPAKHIN:** No sé.

**LUBOVA:** (Con sobresalto.) Es desagradable.

**FIRZ:** La víspera de la desgracia, ya saben cuándo digo, la víspera de la liberación de los mujiks, se produjo el mismo fenómeno. Hubo más: el búho gritó; el samovar hirvió con un ruido extraño.

**GAIEF:** (Murmurando.) Yo escuché algo parecido cuando el pobre Grischa… (Pausa.)

**LUBOVA:** (Muy impresionada.) Vámonos, amigos míos; es tarde. (A Ania.) Lágrimas corren por tus mejillas. ¿Qué tienes, niña?

**ANIA:** Nada, mamá.

**TROFIMOF:** Alguien viene. (Pasa un transeúnte, con una gorra vieja, un vestido mugriento; camina como si estuviera borracho.)

**EL TRANSEÚNTE:** ¿Pueden decirme si por este camino voy derecho a la estación?

**GAIEF:** Sí; siga por ahí.

**EL TRANSEÚNTE:** Gracias mil. (Tosiendo.) El tiempo es magnífico. (A Varia.) Señorita, préstele usted a un hambriento treinta kopeks. (Varia, asustada, profiere un grito.)

**LOPAKHIN:** ¡Qué molestia! La impertinencia tiene también sus límites.

**LUBOVA:** (Sacando una pieza de su portamonedas). ¡Tome! No tengo ninguna moneda de plata. Ahí va una de oro.

**EL TRANSEÚNTE.** Muchas gracias. (Se va).

**VARIA:** No puedo más. ¡Qué locura! En casa, las gentes de servicio no tienen qué comer, y usted da, tan fácilmente, diez rublos en oro.

**LUBOVA:** ¿Qué le voy a hacer? Soy tonta. En casa, te entregaré todo lo que tengo. Yermolai Alexievitch, ¡présteme algo más!

**LOPAKHIN:** Bien.

**LUBOVA:** Es hora de que nos vayamos. ¿Sabes, Varia? Hemos arreglado ya tu matrimonio. Mi enhorabuena.

**VARIA:** Con estas cosas, mamá, no se bromea.

**LOPAKHIN:** Le advierto una vez más que el día veintidós de agosto vuestro jardín de los cerezos será sacado a subasta.

(Todos se van, excepto Ania y Trofimof).

**ANIA:** Gracias a ese desconocido, que asustó a Varia, nos hemos quedado solos.

**TROFIMOF:** Varia teme que nos amemos. No la deja a usted sola ni un minuto. Su espíritu estrecho no le permite comprender la elevación de nuestro amor. (Ania le mira con ternura.)

**ANIA:** Hoy se está bien aquí.

**TROFIMOF:** El tiempo es hermoso.

**ANIA:** ¿Qué ha hecho usted de mí, Pietcha? ¿Por qué no admiro ya tanto como antes ese jardín de los cerezos? ¿Por qué ese jardín no me inspira la misma afección que me inspiraba antes de ahora? Yo lo amaba tiernamente. Parecíame que, en la tierra, no existía paraje más bello.

**TROFIMOF:** Toda Rusia es actualmente su jardín. La tierra es vasta y magnífica. Los bellos lugares abundan en todas partes. (Pausa.) Reflexione bien, querida mía. Su padre, su abuelo y su bisabuelo eran señores que poseían, en plena propiedad, almas humanas. ¿No ve cómo de cada cereza, de cada hoja y de cada árbol se desprenden seres humanos que la contemplan? ¿No escucha sus voces?… Oh, es terrible. Vuestro jardín de cerezos me llena de pavor. De noche, cuando uno pasa por ese jardín, la vetusta corteza de los árboles brilla con una luz opaca. Diríase que los cerezos viven, en el sueño, lo que acontecía doscientos años ha. Una trágica pesadilla los abruma. Nosotros debemos expiar nuestro pasado. Debemos acabar con él. Los tormentos se nos imponen. Fíjese bien en lo que digo.

**ANIA:** La casa que habitamos no nos pertenece ya, en realidad, desde hace mucho tiempo.

**TROFIMOF:** Tire usted muy lejos las llaves domésticas. ¡Salga de aquí! ¡Sea libre como el viento!

**ANIA:** ¡Qué bien habla!

**TROFIMOF:** Créame, Ania, créame. Todavía no he cumplido treinta años; pero ya he sufrido mucho. A la entrada del invierno, tengo hambre, tengo frío, estoy enfermo, nervioso, soy pobre como un mendigo. El Destino me arrastró de un lado para otro. Y por doquiera, y siempre, mi alma fue invadida por los presentimientos. Yo presiento la felicidad, Ania, yo la veo de cerca.

**ANIA:** La luna asoma. (A lo lejos resuena la canción melancólica de Epifotof. La luna surge en el horizonte).

**VARIA:** (Desde el bosque de los tilos). ¡Ania! ¿Dónde estás?

**TROFIMOF:** Mire la luna. (Pausa). La dicha se acerca. Oigo sus pasos. Sí; es la dicha, por fin.

**VARIA:** (De entre los árboles). ¡Ania! ¿Dónde estás?

**TROFIMOF:** (Con enfado). ¡Al diablo, Varia! ¡Qué fastidio!

**ANIA:** ¿Qué hacer? Encaminémonos hacia el río.

**TROFIMOF:** Tiene razón, vámonos de aquí. (Ambos se levantan del banco y, en dirección opuesta al lado de donde parten las voces, aléjanse muy lentamente).

**VARIA:** (Desde la arboleda.) ¡Ania! ¡Ania!…

### TERCERA PARTE

Saloncito separado por una arcada de otro salón grande. Óyese una orquesta de algunos violines y un contrabajo, desafinada: es la orquesta judía de la localidad. Hay baile en el salón grande. Vienen los bailarines en círculo. La voz de Simenof Pitschik grita, en francés: "Promenade á dame!". Pitschik dirige la danza. Desfilan, por parejas, Pitschik y Carlota, Trofimof y Lubova Andreievna, Ania y un empleado de Correos, Varia y el jefe de estación. Varia tiene los ojos llorosos. En último término pasan Duniascha y otras parejas insignificantes. Pitschik vocea: "Grand rond…!". "Balancez…!". "Les cavaliers, à genoux remercient leurs dames!". Firz, de frac, trae en una bandeja agua de Seltz y vasos. Pitschik y Trofimof penetran solos en el gabinete.

**PITSCHIK:** Bailo con mucho trabajo. Estoy apoplético. A pesar de eso, tengo una salud de caballo. Mi difunto padre, hablando de nuestros predecesores, aseguraba que la familia Simenof Pitschik procedía del caballo que Calígula hizo sentar en el Senado. (Siéntase). Pero aquí está lo malo. Me falta dinero. Un perro hambriento no piensa sino en su trozo de carne. (Pitschik, de repente, se duerme, lanza un ronquido y se despierta.) Y yo, hambriento a mi modo, no pienso sino en el dinero. ¿Qué hacer? Esto de no tener dinero es una gran desgracia.

**TROFIMOF:** (Observando su fisonomía.) Realmente, hay en el rostro de usted algo de caballar.

**PITSCHIK:** Siquiera el caballo es un animal vendible, que se puede convertir en dinero.

(En una sala vecina, ruido de bolas de billar. Varia aparece bajo la arcada).

**TROFIMOF:** Señora Lopakhin… Señora Lopakhin…

**VARIA:** (Con muestras de agrado). Señor tiñoso…

**TROFIMOF:** Me enorgullezco de ello.

**VARIA:** (Después de una pausa). Ahí están los músicos, que vienen a pedir su salario. ¿Pero cómo se les pagará?

**TROFIMOF:** (A Pitschik). Si en lugar de gastar su energía buscando fondos la emplease usted en cualquier otra cosa, hubiera ya, probablemente, solucionado, el Universo.

**PITSCHIK:** Se expresa usted como Nietzsche. Tiene usted, en verdad, mucho talento.

**TROFIMOF:** ¿Ha leído usted a Nietzsche? ¿Por dónde se ha enterado de Nietzsche?

**PITSCHIK:** Daschinka me habla de él de vez en cuando… Créalo, tan apurado me hallo de dinero, que me siento capaz de fabricar billetes de Banco… Pasado mañana debo pagar trescientos diez rublos. He podido hallar ciento treinta. ¿Cómo procurarme el resto? (Explorando sus bolsillos, con angustia). El dinero se evaporó. Lo perdí. ¡Vive Dios! ¿Dónde están mis ciento treinta rublos?… ¡Ah! (Triunfante). Helos aquí en el forro. ¡Qué susto me llevé!

(Entran Lubova Andreievna y Carlota).

**LUBOVA:** (Cantando, a media voz, la "lezguimka"). ¿Qué ocurre con Leónidas?
(A Duniascha, que anda por allí.) Ofrece té a los músicos.

**TROFIMOF:** La subasta, según parece, no se efectuará.

**LUBOVA:** En mal hora vinieron los músicos. Y la idea de bailar, en estas circunstancias, fue una idea absurda… Pero no importa… (Siéntase, y vuelve a cantar a media voz…) ¿Qué se ha hecho de Leónidas? Todo ha terminado. La finca será vendida. La subasta, ¿no se ha verificado todavía? ¿A qué ocultarme?

**VARIA.** (Tratando de consolarla). El tío fue quien se quedó con la propiedad. Estoy segura de ello.

**TROFIMOF:** (Riendo). ¡Muy bien!

**VARIA:** La abuela envió, probablemente, a nuestro tío los fondos necesarios para rescatar la tierra a nombre de Ania. Con la ayuda de Dios, todo se arreglará a nuestra satisfacción.

**LUBOVA:** La abuela de Yaroslaf debió enviar quince mil rublos para comprar la propiedad a nombre suyo. Ella no tiene confianza en nosotros. Pero con esta suma no habrá ni para pagar las contribuciones. (Cúbrese el rostro con las manos.) Hoy va a decidirse mi suerte.

**TROFIMOF:** (A Varia, cínicamente). ¡Señora Lopakhin!…

**VARIA:** (Fastidiada). ¡Estudiante perpetuo!

**LUBOVA:** ¿Por qué te enfadas? Él te da broma con Lopakhin. ¿No te halagaría llamarte la señora Lopakhin? Es un buen partido… Si tú no le quieres, nadie te manda que lo tomes.

**VARIA:** Este asunto es serio. Lopakhin me gusta. Es una excelente persona. Yo le amo…

**LUBOVA:** ¡Cásate con él! ¿Qué esperas?

**VARIA:** Yo no puedo, sin embargo, tomar la iniciativa; él no me dice, no me insinúa nada. Es un hombre que trabaja, que se enriquece. Sus negocios le absorben. No piensa en mí… ¡Dios mío! Si yo dispusiera siquiera de un centenar de rublos, lo abandonaría todo y me encerraría en un convento.

**TROFIMOF:** ¡Magnífico!

**LUBOVA:** ¿Por qué tarda tanto Leónidas? Estoy inquieta. ¿Han vendido mis bienes o no?

**TROFIMOF:** Vendidos o no, resulta lo mismo. Mire bien, por una vez, las cosas cara a cara.

**LUBOVA:** Usted juzga la cuestión desde un punto de vista que no puede ser el mío. Yo nací en esta casa. Mi padre y mi madre residieron aquí y mis antepasados lo propio. Yo adoro esta vivienda y ese jardín de los cerezos. Yo no concibo mi existencia sin ese jardín. Si hay que venderlo, que me vendan a mí con el jardín. (Toma entre sus manos la cabeza de Trofimof y le besa la frente.) Mi hijo Grischa corrió frecuentemente entre esos cerezos. Me parece que le estoy viendo. Grischa se ahogó en estas cercanías. (Llorando.) Tenga compasión de mí…

**TROFIMOF:** Harto sabe usted, Lubova Andreievna, que yo comparto sus infortunios.

**LUBOVA:** Sí, en efecto; pero convendría que los compartiese de otro modo. (Saca su pañuelo del bolsillo; un telegrama cae al suelo…). Yo quisiera concederle la mano de Ania; pero usted no se ocupa de nada, no hace nada. Camina de una Universidad a otra. Pierde el tiempo lamentablemente. Divaga sin rumbo fijo. Yo no sé qué pensar de usted. Es usted un tipo singular.

**TROFIMOF:** (Después de recoger el telegrama). Yo no tengo empeño en ser una perfección.

**LUBOVA.** (Estrujando el telegrama). Otro despacho de París. Cada día uno nuevo… Yo le quiero, le quiero… Un gran peso llevo sobre mis hombros. Este peso me aplasta. No sé vivir sin él. (Estrecha la mano de Trofimof).

**TROFIMOF:** (Con ternura). Excuse mi franqueza. Él la robó, por él ha sido usted despojada de parte de su fortuna.

**LUBOVA:** No, no. (Se tapa los oídos). No diga usted eso.

**TROFIMOF:** Es un tunante. Usted es la única que no se da cuenta de ello. Cierra los ojos a la evidencia.

**LUBOVA:** (Molesta, conteniéndose.) A la edad de usted, veintiséis o veintisiete años, se expresa como un alumno de segunda enseñanza.

**TROFIMOF:** Tanto peor.

**LUBOVA:** A su edad debiera ser ya un hombre; comprender la vida. Carece usted de pureza de alma. Siempre estará en ridículo.

**TROFIMOF:** (Aterrado.) ¿Qué es lo que dice?

**LUBOVA:** Yo me siento más alta que el amor… Usted no está, no, por encima del amor. Como dice Firz, es usted un ser acabado. ¡A su edad, y no tener siquiera una amante!…

**TROFIMOF:** Lo que dice es horrible. (Desaparece por el gran salón, la cabeza entre las manos. Lubova permanece silenciosa. Trofimof, al cabo de un rato, vuelve.) Entre nosotros, Lubova Andreievna, todo ha terminado. (Vase.)

**LUBOVA:** (Riendo.) Pietcha, aguarde. Es usted tonto. Quise bromear. (Ruido de alguien que baja rápidamente por las escaleras. Ania y Varia, en las estancias interiores, ríen a carcajadas.) ¿Qué sucede?

(Ania entra a la carrera, riendo).

**ANIA:** Pietcha rueda por las escaleras. (Huye.)

(Resuenan las notas de un vals. Ania y Pietcha pasan por el fondo del salón).

**LUBOVA:** Pietcha, perdóneme. Venga a bailar conmigo.

(Ania y Varia bailan, juntas. Pietcha baila con Lubova Andreievna. Entra Firz, quien coloca su bastón en un ángulo de la pieza. Yascha le sigue. Ambos contemplan el baile).

**YASCHA:** ¿Qué tal, viejo Firz?

**FIRZ:** No me siento bien… Antaño había almirantes y generales que tomaban parte en el baile. Hoy se ha invitado al jefe de estación y al empleado de Correos; y ni aun esos vienen con gran apresuramiento… Estoy muy débil. No sé ya qué medicina tomar. El difunto amo, abuelo de la señora, trataba todas las enfermedades por el lacre. Ésta era toda su farmacopea. Yo lo tomo desde hace veinte años, y, acaso por este motivo, me hallo todavía vivo.

**YASCHA:** ¡Qué aburrido eres, Firz! Puedes reventar cuando quieras.

**FIRZ:** ¿Y tú?… (Balbucea algunas frases).

(Trofimof y Ania entran, bailando, en el gabinete).

**LUBOVA:** Gracias…, voy a sentarme. Estoy algo cansada.

(Ania, que había vuelto a salir, bailando con Trofimof, torna, presa de gran turbación).

**ANIA:** Un hombre acaba de decir en la cocina que el jardín de los cerezos ha sido vendido.

**LUBOVA:** Vendido, ¿a quién?

**ANIA:** No dijo a quién. Dio la noticia y partió.

(Ania reanuda la danza con Trofimof y ambos desaparecen de la sala).

**YASCHA:** Es un desconocido, un anciano el que charló en la cocina.

**FIRZ:** ¡Y Leónidas Andreievitch, que todavía no está de vuelta! Se fue llevando gabán de entretiempo. Temo que se resfríe.

**LUBOVA:** Me consumo. Ardo en ansias por conocer noticias. Yascha, vaya inmediatamente a informarse si es verdad que han vendido el jardín de los cerezos.

**YASCHA.** (Riendo.) El viejo que trajo la noticia partió hace tiempo.

**LUBOVA:** (Confusa). ¿De qué se ríe? Explique la razón de su júbilo. (A Firz). Oye, Firz; y si venden la finca, ¿dónde irás tú?

**FIRZ:** Iré donde usted me mande.

**LUBOVA:** ¿Qué significa esa cara? ¿No te encuentras bien? Mejor harías yendo a descansar un rato.

**FIRZ:** (Sonriendo). Sí; me iré a dormir. Pero cuando yo duerma, ¿quién me reemplazará en mis quehaceres? Hay que tener en cuenta que estoy solo en la casa.

**YASCHA:** Lubova Andreievna, permítame que le dirija un ruego. Cuando regrese a París, haga porque yo la acompañe. Aquí me aburro.

(Pitschik entra).

**PITSCHIK:** (A Lubova Andreievna.) Concédame usted un valsecito. (Lubova Andreievna sale del brazo con él). Mi querida amiga, necesito todavía ciento ochenta rublos. ¿Puedo contar con ellos? (Ambos se alejan bailando. Óyense voces en la gran sala. Llega Lopakhin. Pitschik le besa y le dice): Tú hueles a coñac. Nosotros, ya lo ves, nos divertimos.

(Entra Lubova Andreievna).

**LUBOVA:** ¿Es usted, Yermolai Alexievitch? ¿Cómo ha tardado tanto? ¿Dónde está Leónidas?

**LOPAKHIN:** Leónidas Andreievitch ha llegado antes que yo.

**GAIEF:** (Entrando.) Me encuentro terriblemente fatigado, Firz; voy a cambiar de traje. (Firz le sigue.)

**PITSCHIK:** (A Lopakhin.) Hable, hable.

**LUBOVA:** ¿Y el jardín de los cerezos? ¿Lo han vendido?

**LOPAKHIN:** Sí.

**LUBOVA:** (Ansiosamente.) ¿Quién lo ha comprado?

**LOPAKHIN:** Yo.

(Pausa prolongada).

**LUBOVA:** (Desfallecida, tiene que apoyarse en una mesa para no caer.) ¡Vendido!
**VARIA:** (Desprende el manojo de llaves de su cintura y lo arroja al suelo. Parte en silencio).

**LOPAKHIN:** Yo lo compré. Atención, señores. Háganme el favor… Mi cabeza vacila. (Ríe.) Yo llegué a la subasta. Derejanof se me había anticipado. Leónidas Andreievitch no poseía más que quince mil rublos…, los de la tía de Yaroslaf. Derejanof ofreció, además del importe de las deudas, treinta mil. Yo, excluidas las deudas, pujé hasta noventa mil; y el jardín de los cerezos me fue adjudicado, con el resto. El jardín de los cerezos es mío. (Da saltos de alegría.) ¡Si mi padre y mi abuelo, desde el fondo de sus tumbas, pudieran asistir a este acontecimiento! ¡El pequeño Yermolai, que ellos dejaron en el mundo sin saber apenas leer y escribir, aquel mozalbete que durante el invierno caminaba descalzo, ha comprado esta vasta propiedad! Mi padre y mi abuelo eran siervos. ¿No parece esto un sueño? (Recoge del suelo las llaves, contemplándolas con amor.) Ha tirado las llaves. Ha reconocido, por este gesto, que la propiedad ya no les pertenece. El amo soy yo. (Hace sonar las llaves.) ¿Qué se me da de lo que puedan ellos pensar? (La orquesta afina sus instrumentos.) ¡Vengan acá; quiero oírles! ¡Mañana se oirá otra música:

la del hacha de Yermolai Lopakhin cortando los cerezos, en cuyo ex jardín se elevarán las datchas. Una vida nueva renacerá en estos parajes. (La música suena. Lubova, sentada en una silla, llora amargamente.) ¿Por qué no ha escuchado usted mis consejos? Ahora ya es tarde.

**PITSCHIK:** (Estrechándole en sus brazos y besándole.) Lubova Andreievna llora. Dejémosla sola. Vámonos.

**LOPAKHIN:** ¿Qué es eso? Músicos, tocad fuerte. Que se os oiga. Yo quiero que todo se efectúe con arreglo a mis instrucciones… (Con arrogancia.) Aquí está el nuevo propietario del jardín de los cerezos. (Yendo un lado para otro, henchido de satisfacción, tropieza con un velador y derriba un candelabro.) ¡No es nada! Lo pagaré. Yo puedo pagar cuantos desperfectos se originen por mi causa. (Vase con Pitschik).

(En el salón no queda sino Lubova Andreievna, sentada y llorando. La orquesta toca a la sordina. Ania entra y se arrodilla ante su madre.)

**ANIA:** Mamá, no llores…, yo te quiero. Yo te bendigo… El jardín de los cerezos ya no es nuestro. Para nosotros, este jardín no existe ya. ¡No importa! No llores más. Miremos al porvenir. Ven conmigo. Cultivaremos un nuevo jardín de los cerezos, que será mucho más hermoso que el otro. Una nueva felicidad descenderá sobre tu alma. Vámonos, mi querida mamá, vámonos.

## CUARTA PARTE

La llamada "habitación de los niños", pero sin cortinas, sin cuadros en las paredes. Algunos muebles apilados en un ángulo. Junto a la puerta de salida, grandes maletas. Las puertas y ventanas están abiertas. Del interior llegan las voces de Varia y de Ania. En medio de la estancia, Lopakhin, de pie, en actitud expectante. Yascha entra una bandeja con copas de champaña. Epifotof, en la antecámara, ocúpase en clavar un cajón. Un grupo de mujiks llega para decir adiós a sus antiguos amos. Óyese la voz de Gaief que dice:
"Gracias, amigos míos". Yascha hace los honores a los que vienen a despedirse. El ruido cesa; gradualmente, Lubova Andreievna y Gaief aparecen. Lubova está pálida, pero no llora. Su voz tiembla.

**GAIEF:** ¿Y le has dado todo lo que tenías en el portamonedas?

**LUBOVA:** No podía hacer menos. (Parten).

**LOPAKHIN.** (Gritando desde la puerta.) Oigan, yo les invito. Vengan a beber una copa de champaña, en señal de adiós. (Pausa.) ¿No quieren aceptar mi invitación?... Si lo hubiera sabido, no lo habría comprado. Está bien; yo no lo beberé tampoco. (Yascha coloca con precaución la bandeja sobre una silla.) Yascha, en tal caso, bébetelo tú.

**YASCHA:** ¡Buen viaje! ¡Mi enhorabuena a los que se quedan aquí! (Apura una copa). Yo le aseguro que este champaña no es natural. Sin embargo, lo pagué a ocho rublos la botella.

**LOPAKHIN:** Hace un frío de todos los diablos en este aposento.

**YASCHA:** Hoy no se han encendido las estufas. Lo mismo da, puesto que nos vamos. (Ríe).

**LOPAKHIN:** ¿Por qué te ríes?

**YASCHA:** Porque estoy muy contento.

Para lo avanzado de la estación, el tiempo es excelente. ¿Quién diría que este cielo es el del mes de octubre? (Mira su reloj; dirigiéndose hacia la puerta, grita:) ¡Ea, señores, acordaos de que no nos restan sino cuarenta y cinco minutos hasta la salida del tren!

**TROFIMOF:** (Abrigado en su gabán.) Paréceme, en efecto, que es tiempo de partir... ¿Y mis chanclos? Mis chanclos han desaparecido, Ania. ¿Qué se ha hecho de mis chanclos de goma?

**LOPAKHIN:** Voy a pasar el invierno en Kharkof. Tomaré el mismo tren que ustedes. No sé qué hacer de mis manos. Me cuelgan de los brazos como si pertenecieran a otro individuo.

**TROFIMOF:** Nosotros partiremos, y tú podrás empezar de nuevo a trabajar.

**LOPAKHIN:** ¡Ea, bebe!

**TROFIMOF:** No quiero.

**LOPAKHIN:** Así, pues, ¿no partes para Moscú?

**TROFIMOF:** Los acompañaré hasta la ciudad, y mañana saldré para Moscú. (Trofimof sigue buscando sus chanclos.) Probablemente, no nos volveremos a ver más. Permite que te dé un consejo antes de separarnos. No gesticules. Abandona esa detestable costumbre. Oye lo que te voy a decir: construir una datcha, imaginar que de un datchnik puede salir un pequeño propietario, es tan inútil como gesticular. Pero sea como quiera, tú me eres simpático. (Se abrazan.)

**LOPAKHIN:** Y tú a mí también me eres simpático. Ya lo sabes. Yo haré cuanto pueda por ti. Me tienes a tu disposición. No soy tan malo como algunos suponen. (Lopakhin saca su portamonedas y hace ademán de entregarle dinero.)

**TROFIMOF:** ¿A qué viene esto? Yo no necesito dinero.

**LOPAKHIN:** Pero tu bolsillo está vacío.

**TROFIMOF:** De ningún modo. Dinero no me falta. Me pagan bien mis traducciones. (Con énfasis.) No, yo no carezco de medios de subsistencia… ¿Dónde están mis chanclos?

**VARIA:** (Desde el interior, a gritos.) ¡Aquí está esa antigualla! (Le lanza, en medio de la habitación, un par de chanclos viejos.)

**TROFIMOF:** ¡Pero si esos chanclos no son los míos!

**LOPAKHIN:** En la primavera planté mil deciatinas de peonías y gané en ello cuarenta mil rublos. ¡Qué hermoso era ver los campos en flor! Sobre ese beneficio, yo te ofrezco un préstamo. ¿A qué tantos remilgos? Yo no soy más que un mujik, un simple mujik. Mi proposición es sincera.

**TROFIMOF:** Tu padre era un mujik. El mío es un pequeño farmacéutico…

**LOPAKHIN:** (Extrae la cartera de un bolsillo.) ¿Aceptas?

**TROFIMOF:** Déjame, déjame en paz. Aunque me ofrecieras veinte mil rublos, no tomaría nada. Yo soy un hombre libre. Las deudas son servidumbre. Y todo eso que vosotros, ricos o pobres, apreciáis a tal extremo, sobre mí no ejerce el menor poder. Yo puedo prescindir de ti. Yo puedo pasar delante de ti sin advertir tu presencia. Yo soy fuerte, orgulloso. La Humanidad es un camino en marcha que lleva a la felicidad suprema, la cual es posible en este mundo. Yo me hallo en las primeras filas.

**LOPAKHIN:** ¿Y tú crees poder llegar?

**TROFIMOF:** Llegaré. (Pausa.) Y si no llego, por lo menos habré mostrado el camino a los que me seguirán.

(A lo lejos óyese un ruido seco. Es un hachazo que cortó un árbol.)

**LOPAKHIN:** Mi buen amigo; hay que irse.

**ANIA.** (En el umbral de la puerta). Mamá os suplica que no se tale el jardín de los cerezos mientras ella se encuentre en la casa.

**TROFIMOF:** En verdad, ese individuo carece de tacto. (Se marcha).

**LOPAKHIN:** Entendido… Ellos son, verdaderamente… (Sigue a Trofimof).

**ANIA:** Y Firz, ¿le han llevado al hospital?

**YASCHA:** Di las órdenes necesarias a este efecto. Supongo que las habrán cumplido.

**ANIA:** (A Epifotof, que atraviesa la habitación). Simeón Panteleivitch, tened la bondad de informaros de si han llevado a Firz al hospital.

**YASCHA:** (Ofendido). Yo se lo mandé esta mañana a Vegov. No hace falta insistir.

**EPIFOTOF:** El viejo Firz, a mi juicio, no tiene compostura. Hay que expedirlo a sus antepasados. (Diciendo esto, coloca una maleta sobre una sombrerera de cartón y la aplasta.) Eso es; ya me lo maliciaba. (Se va).

**YASCHA:** (Riendo) El "Veintidós desgracias". (Dentro suena la voz de Varia.) ¿Han llevado a Firz al hospital?

**ANIA:** Sí.

**VARIA:** ¿Por qué se olvidó la carta para el doctor?

**ANIA:** Enviaremos la carta; no te preocupes. (Marchándose)

**VARIA:** (Siempre desde el interior.) ¿Dónde anda Yascha? Dile que su madre vino a despedirse de él.

**YASCHA:** (Con un gesto de desdén.) ¡Qué fastidio!

(Entra Duniascha, y, con Yascha, arregla los equipajes. Siguen Lubova Andreievna, Gaief y Carlota).

**GAIEF:** Es hora de partir.

**YASCHA:** ¿Quién huele a arenque?

**LUBOVA:** Dentro de diez minutos habrá que tomar asiento en los carruajes. (Contempla los muros de la habitación.) Adiós, vieja y querida morada. Pasará el invierno; la primavera tornará, y tú serás demolida desde los cimientos hasta el tejado. ¡Cuántas cosas vieron estas paredes! (Besa a su hija con pasión). ¡Tesoro mío! Estás contenta; tus ojos brillan como dos diamantes. Estás muy contenta, ¿verdad?

**ANIA:** Sí, mamá. Esto es el comienzo de una nueva vida.

**GAIEF:** Sí, por cierto; será mejor. Hasta el momento de la venta del jardín de los cerezos, todos hemos sufrido mucho. Ahora, cuando todo acabó, nos hemos calmado y nos sentimos casi alegres. Voy a ser, en adelante, un empleado de casa de banca. Tú, Lubova Andreievna, tienes mejor semblante.

**LUBOVA:** Mis nervios no me molestan tanto. (Gaief le entrega su manta y su sombrero.) Duermo mejor. Yascha, que se lleven el equipaje. (A Ania.) Así, pues, niña, pronto nos volveremos a ver… Yo, parto para París; allí viviré con los fondos que la abuela de Yaroslaf nos envió para la compra de nuestra finca. ¡Viva la abuela! Sin embargo, este dinero no me durará mucho tiempo.

**ANIA:** Mamá, confío en que pronto estarás de regreso, ¿verdad? Yo, entretanto, haré mis exámenes en el colegio; después, trabajaré, te ayudaré. Juntas leeremos bonitos libros, muchos libros, ¿verdad, mamá? (La besa.) Ante nosotros ábrese un mundo nuevo... (Pensativa.) Sí, mamá; vuelve a París; regresa lo más pronto posible. LUBOVA.— Regresaré muy en breve; pronto nos volveremos a ver.

(Entran Lopakhin y Pitschik).

**PITSCHIK:** (Sofocado). Déjame tiempo para respirar. Estoy cansado... Un vaso de agua...

**GAIEF:** ¿Vienes acaso a pedir dinero?... Me voy para no ser testigo de la escena. (Parte).

**PITSCHIK:** (A Lubova Andreievna.) Hace tiempo que no la he visto a usted. (A Lopakhin.) ¡Ah! ¿Estás tú aquí? Me alegro de verte; eres el hombre más listo de la tierra. Toma; recibe estos cuatrocientos rublos. Te quedo a deber ochocientos cuarenta.

**LOPAKHIN.** (Con asombro.) ¡Esto es un sueño! ¿Dónde has encontrado ese dinero?

**PITSCHIK:** Yo me ahogo... Ha sido una circunstancia totalmente imprevista. Los ingleses han hallado en mis tierras una arcilla blanca... (A Lubova Andreievna). Para usted los cuatrocientos rublos. El resto vendrá después.

**LOPAKHIN:** ¿Qué ingleses?

**PITSCHIK:** Yo te arrendé por veinticuatro años el terreno arcilloso.

**LUBOVA:** Es hora de partir... Y mañana tomaré el tren para el extranjero.

**PITSCHIK.** (Emocionado.) Estas cosas... (Se va y vuelve...). Daschinka me encarga que la salude a usted muy cariñosamente. (Parte.)

**LOPAKHIN:** ¿Qué la preocupa a usted?

**LUBOVA:** Dos cosas me preocupan: Firz, que está enfermo; luego, Varia. Es una muchacha laboriosa, madrugadora, fiel. Su aspecto no me gusta. Está pálida. Enflaquece de día en día… (Pausa.) Está como un pez que le han sacado del agua. (A Lopakhin). Yo contaba casarla con usted. (Ania y Carlota, obedeciendo a un signo de Lubova Andreievna, salen de la habitación). Sé que ella le quiere; y usted la quiere también… No comprendo lo que ocurre.

**LOPAKHIN:** Yo la quiero también; es exacto. No comprendo tampoco lo que ocurre…, en verdad… Esto es ridículo. Si tuviéramos tiempo, yo estoy dispuesto a zanjar el asunto en seguida.

**LUBOVA:** Voy a llamarla… ¡Varia!

**LOPAKHIN:** A propósito, tenemos aquí el champaña para celebrar el suceso… (Mira la bandeja y las copas.) ¡Todas están ya vacías! (Yascha circula a diestro y siniestro. Lubova, con Yascha, sale. Lopakhin saca su reloj). ¡Ah! (Detrás de la puerta, risa ahogada; Varia entra contemplando las maletas). ¿Y usted qué va a hacer, Varia Michelovna?

**VARIA:** ¿Yo? Iré a casa de los Rasdinlin, como ama de llaves.

**LOPAKHIN:** Yo salgo inmediatamente para Kharkof. He arrendado la propiedad a Epifotof.

**VARIA:** Está bien.

(Óyese una voz por la ventana abierta: “¡Yermolai Alexievitch!”. Lopakhin, como si esperara a ser llamado, vase rápidamente. Varia siéntase en el suelo, apoya la cabeza y llora. La puerta se entreabre. Lubova Andreievna aparece).

**LUBOVA:** Tenemos que irnos. (Varia levanta la cabeza, se enjuga los ojos.) Sí; vámonos. ¡Ania! ¿Estás lista?

(Llegan Ania, Gaief y Carlota. Gaief lleva un viejo gabán de invierno y un tapabocas. Epifotof acaba de arreglar los bultos de equipaje. Entran Trofimof y luego Lopakhin).

**LUBOVA:** ¿Empezaron a cargar las maletas?

**LOPAKHIN:** Creo que sí. (A Epifotof.) Procura que todo esté en orden.

**EPIFOTOF:** Yo me encargo de ello, tranquilícese.

**LOPAKHIN:** ¿Te ahogas?

**EPIFOTOF:** Acabo de beber agua y me he tragado no sé qué.

**YASCHA:** (Con desprecio). ¡Qué imbécil!

**TROFIMOF:** Andando, ¡al coche!

**VARIA:** Pietcha, aquí están, por fin, sus chanclos. Se hallaban detrás de una maleta. ¡Qué viejos y qué sucios son!

**TROFIMOF:** (Calzando sus chanclos). Gracias, Varia. (Gaief hace esfuerzos por no llorar).

**ANIA:** Adiós, vieja morada; adiós la vida de ayer.

**TROFIMOF:** ¡Viva la vida de mañana!

(Sale con Ania. Varia contempla la habitación y sale sin darse ninguna prisa. Carlota la sigue, llevando su perrito en brazos).

**LOPAKHIN:** ¡Hasta la primavera próxima! Salid, si os place… ¡Hasta la vista! (Se va).

**LUBOVA:** ¿Es una pesadilla? (Cae en los brazos de Gaief, y ambos lloran silenciosos, como si temieran ser oídos.)

**GAIEF:** (Desesperado.) ¡Ay, hermana mía! ¡Hermana mía!

**LUBOVA:** ¡Ay, mi querido jardín! ¡Mi querido, mi hermoso jardín!… ¡Mi vida, mi juventud, mi felicidad! ¡Adiós!… ¡Adiós!…

**VOZ DE ANIA:** (Gozosa). ¡Mamá!…

**VOZ DE TROFIMOF.** (Alegre, con exaltación.) ¡Ea!…

**LUBOVA:** Miro, por última vez, estos muros, estas ventanas… ¡Mi madre sentíase tan feliz en este aposento!

**GAIEF:** ¡Hermana mía, hermana mía!

**VOZ DE ANIA:** ¡Mamá!

**VOZ DE TROFIMOF:** ¡Ea!…

**LUBOVA:** Vámonos.

(Se van. La habitación queda vacía. Óyese cómo van cerrando con llave todas las puertas. Luego, el ruido de los coches; resuena el golpe seco del hacha que tala los cerezos. Este golpe es extraño, lúgubre. Alguien se acerca. Rumor de pasos. Por la puerta de la derecha entra Firz. Viste como siempre, de librea y chaleco blanco; usa zapatillas. Tiene aspecto de enfermo. Semeja un fantasma).

**FIRZ.** (Aproximándose trabajosamente a una de las puertas de salida y tratando de abrirla). Está cerrada. Se han ido… (Déjase caer sobre el sofá). ¡Me han olvidado!… No importa… Esperaré… Ahora caigo en que Leónidas Andreievitch se ha olvidado de ponerse su abrigo de pieles… (Suspira con inquietud). Y pensar que yo no lo noté… (Balbucea algunas frases). La vida pasó ya. Es como si yo no hubiera vivido… (Tiéndese sobre el canapé). Permaneceré así, tendido, por algunos instantes… Las fuerzas empiezan a faltarte. Firz, tu vida se va. Nada más me queda, nada más… (Su cabeza hace un movimiento, cual si intentara erguirse, y cae de nuevo). Nada… (Balbuciente). Más… (Expira).

Ruido lejano, como si viniera del cielo, como el de una cuerda de violín, que estalla. Ruido siniestro que se extingue poco a poco. Todo está en calma. En el profundo silencio los hachazos continúan.